월터 브루그만과 함께하는
대림절 묵상집

새로움이 오시는 길

월터 브루그만 지음
리처드 플로이드 엮음
조만준 이고은 옮김

한국장로교출판사

Celebrating Abundance : Devotions for Advent

English Edition ⓒ 2017 by Walter Brueggemann
First Edition ⓒ 2017 by Westminster John Knox Press
Korean Edition ⓒ 2018 by Publishing House The Presbyterian Church of Korea, Seoul, Republic of Korea

All rights reserved. No part of this book may be reproduced or transmitted in any form or by any means, electronic or mechanical, including photocopying, recording, or by any information storage or retrieval system, without permission in writing from the publisher.

새로움이 오시는 길

Celebrating Abundance:Devotions for Advent

편집자 노트

대림절은 진실을 말하기 위한 시간입니다. 여기서 진실이란 일상의 권태와 불안을 말합니다. 그러나 이것이 전부는 아닙니다. 대림절은 이미 끝나버린 것 같은 미래를 여시는 하나님의 끝이 없는 인자하심에 대해서 말하는 시간이기도 합니다. 월터 브루그만은 끈질기게 진실을 말하는 사람이며, 그의 설교는 우리에 익숙하게 여기는 것들을 가차 없이 파괴하는 새로움과 하나님의 풍부하심으로 우리를 초대합니다.

만약 대림절의 여명이 밝아오고 있다고 생각이 든다면, 월터라는 자명종이 곧 울릴 거라는 사실을 기억하기 바랍니다.

하루하루의 대림절 묵상을 위한 기도에서 저는 브루그만의 언어와 이미지들을 구현해 보려고 노력했습니다. 부디 이것들이 대림절을 더 깊이 묵상하는 디딤돌이 되기를 바랍니다.

리처드 플로이드

차례

1st Sun. : 01 새로움이 찾아옵니다 / 10
1st Mon. : 02 터무니없는 하나님 / 14
1st Tue. : 03 새로운 풍요를 누리다 / 18
1st Wed. : 04 악순환의 고리가 끊어지다 / 22
1st Thu. : 05 쇠하여야 할 때 / 26
1st Fri. : 06 세상을 뒤엎는 시 / 30
1st Sat. : 07 광야에서 영광을 / 34
2nd Sun. : 08 중간 지점에서 힘을 얻다 / 37
2nd Mon. : 09 새 노래 / 41
2nd Tue. : 10 대안적 연대 / 45
2nd Wed. : 11 가능성으로 가득한 비밀의 세상 / 49
2nd Thu. : 12 우리가 그어버린 선 / 52
2nd Fri. : 13 당황스러운 풍요 / 56
2nd Sat. : 14 더불어 희망하다 / 60
3rd Sun. : 15 준비하고, 고대합니다 / 64
3rd Mon. : 16 믿음을 보게 되는 틈 / 68
3rd Tue. : 17 반전 / 71

3rd Wed. : 18 상실 너머 불어오는 바람 / 75

3rd Thu. : 19 위험한 부르심 / 79

3rd Fri. : 20 천국의 법칙 / 83

3rd Sat. : 21 모든 기대, 그 너머 / 87

4th Sun. : 22 연애편지 / 90

4th Mon. : 23 왕의 결정 / 93

4th Tue. : 24 늘 그 자리에 / 97

4th Wed. : 25 거부할 수 없는 방문 / 100

4th Thu. : 26 그때가 언제입니까 / 104

4th Fri. : 27 어떻게 사느냐 / 108

4th Sat. : 28 우리만의 하나님 / 111

Eve of Christmas : 29 법칙을 뒤흔드는 탄생 / 114

Christmas 성탄절 : 새 일을 행하리라 / 118

Christmas : 01 방이 없네요 / 122

Christmas : 02 실행 명령 / 124

Christmas : 03 어떻게 좀 해 봐요 / 126

Christmas : 04 어리석은 용기를 / 128

Christmas : 05 이 아기는 누굴까 / 130

Christmas : 06 그저 그런 마을의 거룩한 소식 / 132

Christmas : 07 두려움에 주저앉다 / 134

Christmas : 08 겨울의 끝 / 136

Christmas : 09 외딴곳의 어느 마을 / 138

Christmas : 10 가서 전하라 / 140

Christmas : 11 경배하다 / 142

Christmas : 12 생각에 잠기다 / 144

옮긴이의 글 / 147

새로움이 오시는 길

———

Celebrating Abundance:Devotions for Advent

1st-Sun of Advent / 01

새로움이 찾아옵니다

백성들이 바라고 기다리므로
모든 사람들이 요한을 혹 그리스도신가 심중에 생각하니
요한이 모든 사람에게 대답하여 이르되
나는 물로 너희에게 세례를 베풀거니와
나보다 능력이 많으신 이가 오시나니
나는 그의 신발끈을 풀기도 감당하지 못하겠노라
그는 성령과 불로 너희에게 세례를 베푸실 것이요
(누가복음 3:15-16)

—

오늘 본문인 누가복음에서는 세례 요한이 급작스레 등장합니다. 으레 대림절에는 세례 요한이 불현듯 떠오릅니다. 예수님의 때가 아직 이르지 않았습니다. 우리는 '준비하는 시기'를 보내고 있습니다.

분주하게 돌아다니며 떠들썩하게 즐기느라 피곤한 일상은 딱히 준비하는 시기라고 하기 어렵습니다. 준비하는 시기는 질문하고, 생각하며, 묵상하고, 다시 결심하면서 묵은 때를 벗겨 내는 시간입니다.

"그는 성령과 불로 너희에게 세례를 베푸실 것이요"(16절). 저뿐 아니라 여러분 귀에도 이 말씀은 이상하게 들릴 거라 생각합니다. 비교적 풍족하고 교양 있는 우리는 이런 식의 말을 달가워하지 않고, 이런 식으로 말하지도 않습니다. 사실 '성령으로 베푸는 세례'는 은사주의적 행위를 의미하지 않습니다. 그보다는 우리의 모든 것을 감싸 안을 수 있는, 에너지가 넘치는 영이 우리를 찾아와 그 '힘'으로 우리가 미처 순종하지 못하던 일에 순종하게 하고, 우리가 생각지도 못했던 하나님 나라의 일을 하게 하고, 우리를 움츠러들게 하던 관계를 회복하는 것을 의미합니다.

대림절, '새로움'이 찾아오고 있습니다. 우리의 상상을 뛰어넘는 일이 우리 안에, 우리를 통해, 우리 너머로 일어날 것입니다.

그런데 오늘 본문의 세례 요한은 그 새로움이 아닙니다. 그는 우리가 새로움을 준비하게 하는 사람입니다. 만약 당신이 우리에게 새로운 삶을 주시는 하나님의 능력에 흠뻑 빠져들기 원한다면, 반드시 세례 요한의 말을 따라야 합니다.

"옷 두 벌 있는 자는 옷 없는 자에게 나눠 줄 것이요…… 이웃을 배려하며 재정을 사용하고…… 사람에게서 강탈하지 말며……."

이런 행동이 하나님의 새로움을 준비하는 방법이라고 누가 생각이나 했을까요? 대림절을 '준비'하는 방법은 쇼핑이나 연말파티, 카드 보내기가 아닙니다. 그런 것들은 우리의 지치고 곤한 영혼이 진정 원하는 바를 눈가림하는, 풍성함을 가장한 그림자일 뿐입니다. 대림절은 다가오는 새로움이 요청하시는 바를 준비하는 때입니다. 그 새로움은 우리 일상에 반복되는 지긋지긋한 두려움을 무너뜨리실 것입니다.

이어지는 누가복음 3장 뒷부분에서는 헤롯 왕이 세례 요한을 붙잡아 가두고, 침묵하기를 종용합니다. 새삼 놀랄 것도 없습니다. 세례 요한의 말은 당시 관행에 상당히 위협적이었으니 말입니다. 헤롯 왕과 그의 무리는 아브라함의 자손이라는 자신들의 자격이 충분하다고 생각하며 거기에 만족하고자 했습니다. 어쨌든 그들은 새로움을 원하지 않았고, 위험해 보이는 새로움이 자신들의 삶에 간섭하기 전에 미리 싹을 잘라버리려 했습니다.

우리를 대림절로 초대하는 세례 요한의 목소리가 감옥에 갇

히거나 잠잠해질 수 없다는 사실을 우리는 잘 압니다. 그러나 헤롯 왕은 미처 몰랐고 예상조차 못했습니다. 세례 요한은 지금도 우리에게 외칩니다. 우리는 그의 목소리가 우리 안에 들어와 우리를 변화시키도록, 이 새로움을 위해 일해야 합니다.

◦

살아 계신 하나님,
대림절 기간에 성령으로 찾아오셔서
우리로 하여금 지금까지 하지 못했던 일을 하게 하시고,
우리가 생각지도 못했던 하나님 나라의 일을 하게 하시며,
우리를 움츠러들게 하던 관계를 위해 일하게 하소서.
우리에게 새로움으로 찾아오셔서
우리의 상상을 뛰어넘어 우리 안에 일하시고,
우리를 통해 일하시고,
우리 너머로 일하소서. 아멘.

1st-Mon of Advent / 02

터무니없는 하나님

보라 내가 새 하늘과 새 땅을 창조하나니
이전 것은 기억되거나 마음에 생각나지 아니할 것이라
너희는 내가 창조하는 것으로 말미암아 영원히 기뻐하며 즐거워할지니라
보라 내가 예루살렘을 즐거운 성으로 창조하며 그 백성을 기쁨으로 삼고
내가 예루살렘을 즐거워하며 나의 백성을 기뻐하리니
우는 소리와 부르짖는 소리가 그 가운데에서
다시는 들리지 아니할 것이며
(이사야 65:17-19)

—

잠시 여러분을 이사야의 시로 초대합니다. 이 시를 뼛속 깊이, 마음 깊이, 눈에 깊이 새겨 보십시오. 하나님께서 "새 하

늘과 새 땅, 새 예루살렘"을 말씀하십니다. 새로움이 오시는 날엔 이 세상에 즐거움이 가득할 것입니다. 왜 그럴까요?

그날에 하늘과 땅이 기뻐할 이유는, 하나님께서 새롭게 하신 세상엔 더 이상 우는 사람도, 신음하는 노숙자도, 속상함에 칭얼거리는 사람도, 테러로 울부짖는 사람도 없을 것이기 때문입니다.

그날에 하늘과 땅이 기뻐할 이유는, 하나님께서 새롭게 하신 세상엔 더 이상 영아사망도, 너무 아깝게 일찍 죽는 사람도, 목숨을 간신히 부지하거나 뇌사 상태로 지내는 사람도 없을 것이기 때문입니다.

그날에 하늘과 땅이 기뻐할 이유는, 하나님께서 새롭게 하신 세상에서는 더 이상 사람들이 자신의 보금자리를 빼앗기지 않기 때문입니다. 집을 지은 사람들이 그 곳에 거주할 것이며, 심은 자들이 그 열매를 거두고 즐길 것입니다. 사람들은 더 이상 지나친 세금으로 집에서 쫓겨나지도, 지역개발이라는 명목으로 허물어져 가는 거주지를 빼앗기지도, 탐욕스런 전쟁으로 수탈당하지도 않을 것입니다. 새로움이 오시면 모든 이들이 포도나무와 무화과나무 아래에서 안전하게, 두려움 없이, 평화로이 거할 것입니다. 삶을 파괴하는 위협이나 경쟁으로 불안해하지도 않을 것입니다.

그날에 하늘과 땅이 기뻐할 이유는, 하나님께서 새롭게 하신 세상에서 우리에게 귀 기울이실 것이기 때문입니다. 밤중에 아이의 소리를 듣고 대답하는 엄마처럼, 우리가 부르기도 전에 누굴 원하는지, 무엇을 원하는지 아실 겁니다. 우리가 또다시 혼자 남겨지는 일은 절대 없을 것입니다.

이사야의 시는 터무니없는 말입니다. 하나님의 새 땅은 우리의 능력으로 들어갈 수도, 감히 상상조차 하기 어려운 곳입니다. 가능하리라 생각되지도 않는 곳입니다. 우리 안의 냉소주의 때문에, 혼자 힘으로 어떻게든 해 보려다 지친 나머지, 그런 약속이 우리에게 이루어질 수 없다고 생각합니다. 앞에서 말한 그런 새로운 세상은 시에서나 볼 수 있는 환상일 뿐입니다.

하지만 대림절을 통해 우리는, 우리를 초월하는 하나님의 능력을 받게 됩니다. 그분의 능력은 우리의 냉소주의와 지친 일상에 해독제로 작용합니다. 혼자 어떻게든 해 보려다 더 이상은 안 되겠다 싶은 낭떠러지에 이르렀을 때, 복음은 해결책으로 다가옵니다. 좋은 소식은 우리가 어떤 새로움도 경험할 수 없다고 생각하게 만드는 우리 안의 냉소주의를 무찌를 것입니다.

◦

터무니없는 하나님,
우리들의 지친 크리스마스를 뛰어넘는
대림절의 기적을 베풀어 주소서.
그 능력과 새로운 시각을 받아들여 자유롭게, 용감하게
세상을 위한 당신의 꿈을 살아낼 수 있기를 기도드립니다.
아멘.

1st-Tue of Advent / 03

새로운 풍요를 누리다

다 배불리 먹고 남은 떡 조각과 물고기를
열두 바구니에 차게 거두었으며
(마가복음 6:42-43)

—

마가복음 6장에서 예수님은 가장 인상적인 기적을 베푸십니다. 그분의 삶을 통해 하나님의 구원의 능력을 드러내시고자 이 기적을 일으키셨습니다. 바로 오천 명을 먹였던 그 일 말입니다. 마가복음에 의하면 예수님은 제자들과 함께 기도하러 따로 한적한 곳으로 가셨습니다. 하지만 많은 사람이 예수님을 따라왔습니다. 예수님은 그 무리를 보시고 친절을 베푸셨습니다. 그들이 무엇을 원하는지 아시고 불쌍히 여기셨습니다. 예수님은 그들의 삶이 나아지기를 바라셨습니다. 그래서 먼저 복음과 하나님의 넉넉한 사랑을 가르치셨습니다. 그 후 그들을 먹이셨습니다. 오천 명이나 되는 큰 무리를 말입니다. 물론 제자들은 예수님을 이해하지 못하고 그 많은 사람들을 먹일 수 없을 것이라 생각했습니다. 그래서 예수님은 떡 다섯 개와 물고기 두 마리를 취하셨습니다. 성인 남자 한 명의 도시락 분량이었습니다. 그 자리에 있는 것을 취하시어 주인으로서, 불쌍히 여기시며, 넉넉히 행하셨습니다. 그분은 평범한 도시락으로 참 좋으신 하나님의 넉넉함을 드러내는 성찬을 행하십니다. 마가는 이렇게 기록합니다.

예수께서 떡 다섯 개와 물고기 두 마리를 가지사
하늘을 우러러 축사하시고
떡을 떼어 제자들에게 주어 사람들에게 나누어 주게 하시고
또 물고기 두 마리도 모든 사람에게 나누시매
(막 6:41)

평범한 이야기 같지 않습니까? 예수님의 기도는 성찬식을 이루는 네 가지 동사로 구성됩니다. "그가 (떡 다섯 개와 물고기 두 마리를) 가지사, 축사하시고, 떼어, 나눠 주셨다." 예수님은 일

상의 평범하고 보잘것없는, 고작해야 떡 다섯 개와 물고기 두 마리를 하나님의 헌신과 넉넉함으로 바꾸어 놓으십니다. 그 결과 "다 배불리 먹게"(막 6:42) 되었습니다. 그게 전부가 아닙니다. 이스라엘 열두 지파 모두에게 충분한 열두 바구니가 남았습니다.

교회, 즉 제자들은 언제나 한발 늦습니다. 그들은 예수님이 주시는 새로운 정보가 무엇을 의미하는지 깨닫기 싫어하고, 예수님께서 세상을 변화시키셨다는 사실을 인정하려 하지 않고, 예수님과 함께 새로운 생활을 하면서도 기존의 구습을 버리지 못합니다. 제자들은 종종 예수님이 눈에 보이지 않는 것처럼 행동하곤 합니다. 그들이 사는 세상은 여전히 팍팍하고 불안하며 두려움과 탐욕에 매여 있습니다.

그러나 저는 예수님의 성육신이 선포하는 바를 말씀드리고 싶습니다. 우리가 성찬식 때마다 상기하는 말씀입니다. 예수님은 이 세상을 풍요로운 곳으로 바꾸셨습니다. 하나님은 계속해서 우리에게 선물을 베풀어 주시고, 예수님을 둘러싼 사람들은 그분이 주시는 풍부함에 힘입어 넉넉하게 행합니다.

우리의 매일매일이 그리고 하루하루가 마찬가지입니다. "그가 가지사, 축복하시고, 떼어서, 나눠주십니다." 우리의 필요를 채우고도 남는 그 넉넉함에 할말을 잃게 됩니다. 눈이 있는 자는 보고, 귀가 있는 자는 듣고, 마음에 새길 수 있는 자는 새기라고, 그렇게 하십니다. 우리는 나눔을 위해 충분하고도 넘치도록, 채우고 채우고 또 채우고도 넘치도록 받습니다. 그리고 끝없이 베푸시는 그분 안에서 기뻐하도록, 그렇게 받고 또 받습니다.

o

끝없이 베푸시는 하나님,
우리가 당신의 넉넉함을 기쁘게 받아들이게 하소서.
우리의 눈이 하나님의 풍요로움을 볼 수 있도록,
우리의 귀가 들을 수 있도록,
우리의 마음이 기억할 수 있도록,
그래서 그 풍요로움을 세상에 나누게 하소서.
아멘.

1st-Wed of Advent / 04

악순환의 고리가 끊어지다

그가 열방 사이에 판단하시며 많은 백성을 판결하시리니
무리가 그들의 칼을 쳐서 보습을 만들고
그들의 창을 쳐서 낫을 만들 것이며
이 나라와 저 나라가 다시는 칼을 들고 서로 치지 아니하며
다시는 전쟁을 연습하지 아니하리라
(이사야 2:4)

—

신명기에 "땅에는 언제든지 가난한 자가 그치지 아니하겠으므로"(신 15:11)라는 구절이 있습니다. 또한 "난리와 난리 소문을 듣겠으나"라는 구절도 여러 곳에 나타납니다. 현대 자본주의를 살아가는 우리에게는 약육강식의 논리가 늘 작동합니

다. 상처받은 사람들은 자신이 늘 학대와 착취로 가득한 상황에 처할 거라 생각합니다. 세상은 호전적이고 파괴적인 곳이라고 성경에 쓰였고, 사람들도 그렇게 생각하고, 또 그렇게들 살아갑니다. 그러니 취할 수 있는 이득은 다 취하되 경계를 늦추지 말아야 한다는 논리를 기도문처럼 암송하면서, 세상은 끝없이 돌아갑니다.

대림절은 그처럼 절망적인 상황 속에서 새로운 시대를 예견합니다. 오늘 본문은 사망의 때를 지나던 이스라엘을 향해 예언자 이사야가 던진 말입니다. 그 시대가 언제 올 지는 알 수 없지만, 한 가지는 확실합니다. 예언자는 사망과 전쟁이 영원하지 않다는 걸 분명히 알고 있습니다. 왜냐하면 이전과 다른 말씀이 주어졌기 때문입니다. 이전과 다른 결정이 내려졌기 때문입니다. 사망의 세계에서 생명의 문을 열어젖히는, 우리의 구습을 무너뜨리는 말씀이 주어졌습니다. 이사야의 예언은 위험한 힘을 간직하고 있습니다. 심지어 우리에게도, 오늘날에도 그렇습니다.

이사야의 예언을 잘 보십시오. 드라마틱한 변화의 순간으로 끝을 맺습니다. 이스라엘 옛 성은 할일 많은 대장장이로 가득합니다. 모루를 두드리는 망치소리가 들립니다. 대장장이들은 철을 쳐서 새로운 모양을 만들고 있습니다. 칼을 보습으로, 창을 낫으로 말입니다. 전쟁무기와 폭탄이라는 오염물질을 제거하는 중입니다. 이제 두려움이 사라집니다. 미워하는 마음이 사그라듭니다. 불안감이 풀립니다. 위협적이던 경쟁관계가 정반대로 전개됩니다. 각 국가는 본래의 소명을 되찾습니다. 지구를 보살피고, 피조물을 아끼며, 이웃에게 너그럽게 대합니다. 수고함으로 모두가 넉넉해집니다. 악순환의 고리가 끊어지고 삶이 회복되기 때문에 이 모든 것이 가능해집니다.

사실 이러한 예언은 불가능해 보입니다. 맨 처음 이 말씀이 주어졌을 때도 역시 불가능한 이야기 같았습니다. 지금도 여전히 현실적으로 들리지는 않습니다. 그럼에도 불구하고 대림절에는 새로운 현실을 보게 됩니다. 정말 비현실적인 것은 이사야의 예언이 아니라 과거 죽음의 권력관계입니다. 국가 간에, 우리 공동체 사이에, 교회와 가족 가운데 그러한 권력관계는 비현실적입니다.

이제 우리에게는 하나님의 사랑에서 비롯된, 그분의 고통을 감내하는 능력에서 비롯된 새로운 가능성이 존재합니다. 하나님의 사랑을 통해 주어지는 그 능력은 악순환의 고리를 끊습니다. 예수님의 삶에서도 그러했고, 우리 삶 속에서도 악순환의 고리가 끊어지는 것을 봅니다. 그렇게 될 것을, 전쟁이 그치고 무장해제될 것을, 삶이 달라질 것을 그분이 약속하셨습니다. 하나님께서 보시기에 선한 때에 그 예언이 이루어진다고 약속하셨습니다.

ㅇ

사랑의 하나님, 고통을 감내하는 능력이 있으신 하나님,
지친 세상 가운데 살아가는 우리에게
변화의 말씀을 들려주소서.
우리는 너무나 쉽게 좌절하고,
너무나도 무감각하게 사망의 질서를 받아들입니다.
그 악순환의 고리를 끊어 주셔서
우리 안에 다시 한 번 가능성을 위한 열정을 지펴 주소서.
아멘.

1st-Thu of Advent / 05

쇠하여야 할 때

이리와 어린 양이 함께 먹을 것이며
사자가 소처럼 짚을 먹을 것이며
뱀은 흙을 양식으로 삼을 것이니
나의 성산에서는 해함도 없겠고 상함도 없으리라
여호와께서 말씀하시니라
(이사야 65:25)

—

"그는 흥하여야 하겠고 나는 쇠하여야 하리라 하니라"(요 3:30).
대림절이면 그다지 반갑지 않은 헝클어진 모습의 세례 요한이 찾아옵니다. 기억나십니까? 털옷을 입고 들판에서 메뚜기

나 석청 같은 먹잇감을 찾아다니는 그 사람 말입니다.

세례 요한은 거침없이, 그 누구의 눈치를 보지도 않고 단 한 가지만 말할 뿐입니다. "회개하라!" 이 말은 눈앞에 닥친 위험한 상황을 깨닫고 돌아서라는 말입니다. 그는 무척 긴박한 심정으로 이 세상을 대하지만, 새로움을 기대하지는 않습니다. 그는 긴박한 위험을 느끼고 있습니다. 바로 오늘날 우리가 세상을 대할 때 느끼는 감정입니다. 세례 요한은 복음서 이야기의 첫머리에 등장합니다. 예수님보다 앞서 말입니다. 사실 요한은 대림절 이야기의 주요 인물입니다.

세례 요한은 예수님을 보자마자 그분의 위대하심을 깨닫습니다. 그것은 요한 자신을 포함하여 이스라엘의 이전 세대와 그들이 갖고 있던 희망, 그 무엇과도 비교할 수 없는 위대하심이었습니다. 예수님이 대림절 이야기에 등장하자마자 요한은 재빨리, 뜻밖에도, 전혀 주저하지 않고 이렇게 말합니다. "그는 흥하여야 하겠고 나는 쇠하여야 하리라."

대림절을 기다리면서, 우리는 어떻게 해야 할까요? 이사야의 거대한 예언으로부터 눈을 돌려 요한의 작은 가르침을 봅시다. 성탄절을 향한 길목에 선 대림절, 요한이 의미하는 과거와 예수님이 의미하는 새로움을 음미해 봅시다. 쇠하는 것, 흥하는 것. 우리 삶에서 묵은 것, 습관적인 것, 파괴적인 것은 쇠해야 합니다. 그래야 새로운 삶을 주시는 예수님의 능력이 우리 안에 커질 수 있습니다. 삶을 위한 나눔과 단순함이 흥하려면 탐욕과 소비주의는 쇠해야 합니다.

대림절을 맞아 성탄절을 기다리는 동안 우리는 무엇을 어떻게 해야 할까요? 이사야의 거대한 예언으로부터 요한의 작은 가르침으로 눈을 돌립시다. 요한이 과거를 의미하고 예수님이 새로움을 의미한다면, 성탄절로 나아가는 대림절에는 이 두 가지를 음미해 봅시다. 쇠하는 것, 흥하는 것.

우리 삶 속의 묵은 것, 습관적인 것, 파괴적인 것은 쇠해야 합니다. 그래야 새로운 삶을 주시는 예수님의 능력이 우리 안에서 확장됩니다. 생명을 살리는 나눔과 단순함이 흥하려면 탐욕과 소비주의가 쇠해야 합니다. 생명을 살리는 자비와 넉넉한 마음이 흥하려면 두려움과 방어적 태도가 쇠해야 합니다. 나 자신과 이웃에 대해, 그리고 우리 사회의 병폐와 그것들의 실상을 솔직하게 이야기하는 태도가 흥하려면, 위선과 거짓은 쇠해야 합니다. 치유와 용서가 흥하려면, 분노와 따돌림이 쇠해야 합니다. 결국 그것만이 생명의 근원입니다.

대림절은 위대한 것을 약속합니다. 하지만 그 와중에 우리는 매일매일 훈련을 받습니다. 그 훈련은 고되고 많은 시간이 걸립니다. 대림절은 그저 쉽게 기다리기만 하는 시간이 아닙니다. 수많은 요구사항들이 도사리고 있습니다. 터무니없는 하나님의 말씀을 받아들여야 하고, 앞서 말한 것들이 날마다 쇠해야 합니다. 그래야만 예수님과 하나님의 평화가 흥할 것이기 때문입니다.

○

대림절에는 우리의 마음을 열어 주셔서
회개라는 어려운 말씀을 받아들이게 하소서.
우리 삶 속의 묵은 것, 습관적인 것, 파괴적인 것은
쇠하게 하셔서
새로운 삶을 주시는 예수님의 능력이
우리 안에 확장되게 하소서.
아멘.

1st-Fri of Advent / 06

세상을 뒤엎는 시

내 거룩한 산 모든 곳에서
해됨도 없고 상함도 없을 것이니
이는 물이 바다를 덮음 같이
여호와를 아는 지식이 세상에 충만할 것임이니라
(이사야 11:9)

—

시에서는 논리와 이성이 허락하지 않는 일이 가능합니다. 시는 이성을 초월하는 세계입니다. 시는 논리로 막혀 있던 모순과 긴장에 다가갈 수 있게 합니다. 시는 과거를 회상할 뿐 아니라 미래를 제안하거나 떠올리게 합니다. 궁금한 것을 묻거나 상상하거나 예언하기도 합니다.

그런 이유로 유대인들은 하나님과의 언약에 기반한 시를 지었습니다. 미리암은 이집트 노예생활을 청산하면서 시를 지었습니다. 드보라는 가나안 족속과의 전쟁에서 승리의 빛이 이스라엘 쪽으로 향할 때 시를 지었습니다. 한나는 어린 사무엘이 태어났을 때 시를 지었습니다. 마리아도 자신이 임신했다는 것을 깨달았을 때 시를 지었습니다. 이들은 눈앞에 펼쳐진 불가능한 상황을 이해할 수 없을 때에도 시를 지어 환호했던 이스라엘의 어머니들입니다. 이들이 시를 지을 동안 완고한 남자들은 논리적으로 분석하고, 서로 각서를 교환하고, 보고서의 초안을 작성하고 있었습니다.

제가 생각하기에 대림절은 시와 각서가 갈등하는 시기입니다. 시는 하나님께서 일하실 미래를 그리는 반면, 각서는 상황을 통제하려 합니다. 대림절은 하나님으로부터 불가능한 일을 받아들이기 위해 통제권을 내려놓는 시간입니다.

그때에 이리가 어린 양과 함께 살며
표범이 어린 염소와 함께 누우며
송아지와 어린 사자와 살진 짐승이 함께 있어
어린아이에게 끌리며
암소와 곰이 함께 먹으며
그것들의 새끼가 함께 엎드리며

사자가 소처럼 풀을 먹을 것이며

(사 11:6-7)

또한 대림절은 오랜 증오와 먹이사슬을 둘러싼 탐욕, 약육강식의 논리가 뒤엎어지는 때입니다. 야생동물이 포악하게 굴지 않을 것입니다. 의와 정의로 대변되시는, 이제 곧 오실 분이 새로운 가능성을 옹호하며 정글의 법칙을 뒤엎을 것이기 때문입니다. 결국에는 어린아이가 독사와 살모사를 가지고 노는, 아무도 다치지 않는 세상이 될 것입니다. 어떻게 이것이 가능합니까? 세상을 채우고 있던 독소가 제거되었기 때문입니다. 그분은 한 방에 모든 관행을 무효화시키십니다. 모든 사람들, 그리고 세상이 돌아가는 방식이 모두 좋아질 겁니다. 이사야의 예언은 대림절에 대한 시이자 다가오시는 그분에 관한 시입니다. 그분을 주로 고백하는 우리 그리스도인들은 그것이 크리스마스의 아기를 노래하는 시이며, 그 아기는 로마의 권력과 종교의 율법을 거부하며 치유와 자유, 용서, 기쁨의 세상을 여는 분이라고 감히 주장합니다. 그러니 대림절에는 이렇게 해 보십시오. 논리, 각서, 삼단논법에서 떠나 위의 시가 있는 세계로 들어가 보는 겁니다.

○

오 하나님, 대림절에는 우리의 상상력을 열어 주셔서
당신의 충실함을 바탕으로 지어진 세계를 보게 하소서.
당신의 새로움을 받아들이기 위해
통제권을 내려놓도록 우리를 도우소서.
아멘.

1st-Sat of Advent / 07

광야에서 영광을

그것들이 여호와의 영광 곧 우리 하나님의 아름다움을 보리로다
(이사야 35:2b)

일렀으되 "광야에 외치는 자의 소리가 있어 이르되 '너희는 주의 길을 준비하라 그가 오실 길을 곧게 하라' 하였느니라"
(마태복음 3:3b)

—

대림절은 곧, 다가오지만 아직 이루어지지 않은 하나님의 영광을 고대하는 절기입니다. 영광이라니, 너무 생소한 단어라 우리가 정확히 무엇을 기다린다는 건지 의아할 겁니다. 만약 두 눈으로 영광을 직접 본다면 그게 뭔지 알게 되느냐는 질문

도 나올 법합니다.

'야훼의 영광'이란 단조로운, 평범한, 열정적인 종교가 아닙니다. 하나님의 영광을 확증하는 행위는 늘 무언가에 대한 대항을 선언합니다. 야훼를 지지할 뿐만 아니라, 다른 무언가의 안티가 되기를 결단하는 것입니다. 우리가 무엇을 대항해야 하는지를 모른다면, 무엇을 찬양해야 하는지도 모르는 것입니다. 하나님의 영광을 노래하는 행위는 그냥 이루어지는 것이 아니라 많은 것을 희생해야 하는 일입니다.

이사야의 예언의 배경은 광야와 사막입니다. 광야는 생명의 힘이 스러지는 공간입니다. 사막에서 살아가는 사람들은 힘이 없고 연약하며 두려워하는 사람들입니다. 누군가 그들을 공격했고, 그들의 권위를 부정했으며, 삶에 대한 의지를 짓밟았습니다. 이사야의 시는 이처럼 주변화된 사람들을 호출합니다. 눈 먼 사람, 귀먹은 사람, 다리 저는 사람, 정신 지체자 같은 장애인들을 부르는 것입니다. 광야는 살아낼 힘이 사그라드는 곳입니다.

우리는 그런 광야에서 대림절을 맞이합니다. 광야의 바싹 마른 땅과 짓밟힌 인격이 그분의 오심을 기다리고 있습니다. "광야에 주의 길을 준비하라." 예수님을 고대하는 요한이 이사야를 인용하여 이렇게 말하는 것은 당연합니다. "그것들이 여호와의 영광을 보리로다." 그들은 변화시키는 하나님의 웅

장한 힘을 볼 것입니다. 하나님의 위대한 영광의 그늘 아래 난생 처음으로 기쁨과 평안을 느끼며 이동하는, 보호받는, 구조된, 연약한, 그 가치를 인정받는 자들이 있다는 점이 놀랍고도 생소하게 느껴집니다. 마침내 온 세상에 샬롬이 이루어지는 것입니다. 사막에서조차 말입니다. 그러나 하늘의 찬양대는 땅의 평화를 노래하기 전에 반드시 영광을 먼저 노래합니다. 사막의 평화는 하나님께서 영광을 받으신 이후에야 이루어지는 것입니다.

대림절에는 변화시키시는, 새롭게 하시는, 새로이 시작하시는 하나님을 알게 됩니다. 모든 피조물과 인류가 하나님의 풍성한 영광으로 나타난 새 하늘과 새 땅을 같은 시간에, 모두 함께 찬양하는 것은 당연합니다.

o

오 하나님, 우리는 너무나 자주 광야에 처하고,
그곳에서 생명이 바스러지는 것을 당연하게 여깁니다.
하지만 대림절은 당신이 우리에게 다가오시는 절기입니다.
우리가 당신의 영광을 기뻐하며
당신의 평화를 노래하게 하소서.
아멘.

2nd-Sun of Advent / 08

중간 지점에서 힘을 얻다

오직 여호와를 앙망하는 자는 새 힘을 얻으리니
독수리가 날개치며 올라감 같을 것이요
달음박질하여도 곤비하지 아니하겠고
걸어가도 피곤하지 아니하리로다
(이사야 40:31)

–

이사야 40장은 바벨론에서 귀환하는 이스라엘 백성들을 향해 쓰인 시입니다. 그들은 낯선 환경에 믿음을 두어야 했던, 거처 없이 떠도는 사람들이었습니다. 사실 오늘날 우리의 모습과 다를 바가 없습니다.
복음을 진지하게 전하고자 할 때, 우리가 처하게 되는 환경도

갈수록 낯설고 험악해지고 있습니다. 이사야 40장의 사람들은 그런 상황에서 어떻게 하나님의 백성으로 살아가야 하는지 갈피를 잡기 어려웠습니다. 그렇게 살려면 예상했던 것보다 훨씬 많은 값을 치러야 했고, 훨씬 더 위험했기 때문입니다.

이사야 40장의 시는 복음의 가능성을 잃어버린 것처럼 보이는 믿음의 공동체를 보여 주고 있습니다. 이들이 탈진상태라고 할 수도 있을 겁니다. 그들은 예전의 활기를 되찾기 어려웠습니다. 되는 일이 없어 보였습니다. 그들이 사는 세상은 하나님의 능력을 의뢰하는 행위에 큰 의미를 두지 않았습니다.

그런데 그 시가 독자들에게 한 발짝 다가갑니다. 하나님을 신뢰하며 그분이 행하시는 일에 관심을 보이는 사람들에 관해 이야기합니다. 하나님은 피곤한 자를 원치 않으신다는 이야기를 하는 대신, 하나님께서 피곤한 자에게 능력을 주시고 의지를 잃어버린 자에게 새 힘을 북돋워 주신다고 말합니다. 이 시는 교회 안의 지친 사람들, 즉 열정과 인내심, 용기, 상상력, 넉넉한 마음을 잃어버린 사람들을 위해 새로운 소식을 전합니다.

그런데 우리는 왜 이렇게 지쳐 버린 걸까요? 그건 이 세상을 지나치게 신뢰했기 때문입니다. 바벨론 사람들의 말에 귀를 기울였기 때문입니다. "꿈은 이루어진다."라는 말을 지나치게 동경했기 때문입니다. 바벨론 사람들의 꿈에 사로잡힌 이들은 결국 신앙과 사명을 위한 에너지가 바닥나는 상황에 처하고 맙니다.

하지만 우리가 자유로운 하나님, 쉬지 않고 일하시는 하나님에 초점을 두면 바벨론 제국의 주술에서 벗어날 수 있습니다. 그럼 다시 자유롭게 됩니다.

저는 얼마 전 하나님께서 영적 독수리를 원하는 것이지 병아리를 원치 않으신다는 증거를 받았습니다. 우리가 날아오르든지, 달리든지, 아니면 걷든지 간에 우리는 자유롭고, 날아갈 듯이 즐거우며, 바벨론 제국을 거역할 준비가 되어 있고, 하나님의 선물을 받아들일 준비가 되어 있고, 하나님의 뜻을 행할 준비가 되어 있습니다.

대림절은 이러한 사실을 기억하며 감사하는 시간입니다. 그뿐 아니라 우리의 힘을 다시금 충전하고 사명을 간구하는 시간입니다. 그러나 이런 것들은 요즘 들어 무척 어려워졌습니다. 하지만 하나님께서는 보이지 않는 곳에 숨어 계시는 분이 아닙니다. 무관심하거나 능력이 부족하시지도 않습니다. 우리는 그런 하나님의 백성입니다.

그러니 독수리들이여, 사명을 향해 날아오릅시다. 우리가 가장 잘 아는 대상을 향해 다가갈 시간입니다. 바로 우리들의 삶입니다. 우리는 삶 속의 의와 자비, 동정심과 평화를 위해 부름받았습니다. 수고하고 무거운 짐 진 자들이여, 그리스도의 멍에를 메십시오. 여러분의 마음이 쉼을 얻으리니 순종하십시오!

◦

사랑이 많으신 성령님의 도우심으로
우리가 대림절에 감사하게 하소서.
우리가 새로이 힘을 얻고 사명을 다짐하게 하소서.
우리 마음이 쉼을 얻고 순종하게 하소서.
아멘.

2nd-Mon of Advent / 09

새 노래

항해하는 자들과 바다 가운데의 만물과 섬들과 거기에 사는 사람들아
여호와께 새 노래로 노래하며 땅 끝에서부터 찬송하라
광야와 거기에 있는 성읍들과 게달 사람이 사는 마을들은 소리를 높이라
셀라의 주민들은 노래하며 산 꼭대기에서 즐거이 부르라
(이사야 42:10-11)

—

여러분은 포로생활 중에 이 시를 써서 노래하는 것을 상상할 수 있으십니까? 감히 이런 주제를 노래하며 제국에 도전하는 것을 상상할 수 있으십니까? 바빌론 군인들 바로 눈앞에서 제국에 도전하는 새로운 현실을 노래할 수 있습니까? 생각해 보십시오. 우리를 새로운 용기, 새로운 신앙, 새로운 힘, 새로운

순종, 새로운 기쁨으로 초대하는 이 시가 노래하는 새로운 세계를 말입니다.

보시다시피 이 노래는 앞서 설명한 새로운 현실만큼이나 전복적입니다. 이 새 노래는 세상을 있는 모습 그대로 묘사하지 않습니다. 하나님의 때가 이루어질 때 세상이 어떤 모습일지를 상상하며 그리고 있습니다. 한편, 이것은 현재 세상이 돌아가는 방식에 저항하는 노래이기도 합니다. 현재 세상을 있는 그대로 받아들이기를 거부하는 노래이며, 현재의 세상이 옳거나 지속될 거라는 믿음을 거부하는 노래입니다. 교회가 새 노래를 부른다는 것은 언제나 가장 용감하면서도 목숨을 걸어야 하는 일이며, 위험을 자초하는 동시에 자유로운 일입니다. 교회가 새로운 노래를 부를 때 복음의 능력이 이 세상을 지금 모습 그대로 내버려두지 않을 거라고 선포하기 때문입니다.

우리는 고대의 이스라엘 포로와 다를 것이 없습니다. 우리도 그들처럼 세상이 변화를 감지하며, 주변의 모든 정책과 관습이 죽음을 향하고 있다는 점을 깨달으면서, 우리가 영향력을 발휘하지 못하는 곳에 흩어져 살아가고 있습니다. 우리는 거의 연약함과 허무함 가운데 절망하고 있습니다.

사실 우리가 할 수 있는 일이 거의 없습니다. 그러나 포로 된 이스라엘 신앙 공동체가 아주 작은 일을 행하려 할 때, 그들은 안전한 곳에 머물려 하지 않았습니다. 대신에 이들은 새로운 노래를 부르며 복음의 약속이 제국의 풍경에 가려 사라지는 것을 거부했습니다. 이렇듯 새 노래는 '저항'입니다. 또한 복음의 하나님께서 세상의 질서를 뒤바꾸시려는 계획을 갖고 계시다고 강력하게 주장합니다. 하나님께서 눈 먼 자들과 가난한 자들, 불쌍한 자들, 두려울 정도로 막강한 국가들, 목숨을 위협받는 모든 피조물을 온전하게 되돌리실 거라고 주장합니다. 새 노래는 우리의 현재형에 맞서 하나님의 미래형을 주장합니다.

새 노래가 시작될 때, 모든 피조물이 우리와 함께 노래하며 춤추며 손뼉 치는 것은 당연합니다. 모든 피조물이 하나님의 새 나라를 노래합니다. 하늘과 자연만물이 노래하고, 땅이 아멘으로 크게 화답합니다. 우리는 포로생활 중에도 이 노래를 부릅니다. 그럴 때 새로운 세상을 살게 됩니다. 바벨론 사람들은 우리를 멈출 수 없습니다. 우리의 노래는 진실하며 이 세상의 슬픔보다 강하기 때문입니다.

포로들이 돌아오고 있습니다. 기뻐 뛰면서 말입니다.

。

대림절에는 새 노래를 가르치소서.
다가오는 새 나라를 노래하도록,
눈앞에 새로운 현실이 펼쳐지도록.
우리가 이러한 진실과 능력을 기뻐하며
모든 피조물과 함께 아멘으로 화답하게 하소서.
아멘.

2nd-Tue of Advent / 10

대안적 연대

여호와여 주의 긍휼하심과 인자하심이 영원부터 있었사오니
주여 이것들을 기억하옵소서
여호와여 내 젊은 시절의 죄와 허물을 기억하지 마시고
주의 인자하심을 따라 주께서 나를 기억하시되
주의 선하심으로 하옵소서
여호와는 선하시고 정직하시니
그러므로 그의 도로 죄인들을 교훈하시리로다
온유한 자를 정의로 지도하심이여
온유한 자에게 그의 도를 가르치시리로다
여호와의 모든 길은 그의 언약과 증거를 지키는 자에게 인자와 진리로다
(시편 25:6-10)

—

시편의 기자는 하나님의 자비와 선하심, 인자하심으로 인해 기뻐합니다. 여기서 세 번 반복되는 '인자'라는 단어는 옛 이스라엘 사람의 입에서 떠나지 않던 말로, 크리스마스의 하나님을 가장 잘 설명합니다. 우리는 인자하신 하나님을 위해 대림절을 준비합니다. '인자하심'이란 하나님의 변화시키는 힘으로 말미암아 실현되는 연대(solidarity)를 의미합니다. 이스라엘은 이집트를 탈출할 때 이 연대를 경험했고, 그 외에도 수없이 많은 기적으로 생명을 건지면서 이러한 연대를 경험했습니다.

예수님은 우물가 여인과 나무에 오른 삭개오에게, 앞 못 보는 거지에게, 아픈 여인에게 이러한 연대를 베푸셨습니다. 인류 공동체에 속한 각 사람들은 이웃과의 열정적이고 헌신적이며 변화를 일으키는 연대를 가장 필요로 합니다. 본문의 시편 기자는 그러한 연대가 어디서부터 시작되는지 잘 알고 있으며, 그것이 실현되기를 고대하고 있습니다.

솔직히 말하자면, 세상의 힘 있고 돈 있는 권세가들은 그런 식의 연대를 베풀지 않습니다. 이스라엘 사람들은 늘 생산성만 요구하는 파라오가 그런 연대를 베풀지 않는다는 점을 알고 있었습니다. 예수님도 빌라도가 그런 연대를 베풀지 않는다는 사실을 알고 계셨습니다. 빌라도는 자신이 결정을 내려야 하는 순간에 손을 씻었던 사람이니 말입니다. 오늘날 우리

중에서도 이데올로기니 대중 선동이니 하며 큰 목소리를 내는 사람들은 이러한 연대를 실현하지 않습니다.

하지만 믿는 사람 모두가 그들의 삶을 다시 생각하고, 에너지를 재배치하고, 그들의 목적을 재평가한다고 상상해 보십시오. 그들은 하나님을 사랑하는 길로 나아갈 뿐 정당이나 이데올로기를 지향하지 않습니다. 걱정과 두려움이 '인자하심'을 향한 하나님의 뜻을 방해하지 못합니다. 그 길은 이웃을 사랑하는 것입니다. 그 길은 얼굴을 마주하고 이웃을 사랑하는 것입니다. 그 길은 공동체적으로 이웃을 사랑하는 것입니다. 그 길은 제도적 마련과 상상력 넘치는 정책들을 통해 이웃을 사랑하는 것입니다.

아우구스투스 황제는 이 세상을 통제하기 위해 계속해서 세금과 징집을 명령합니다. 그러나 아이러니하게도 진리는 수도 바깥의 초라한 마을 베들레헴, 황제의 명령을 따르지 않은 한 작은 동네에 있습니다. 이 세상과 다른 대안을 보여주기 위해서는 마을 하나가 필요합니다. 그리고 우리는 앞으로 다가올 그 사회의 시민입니다.

ㅇ

우리를 피곤하게 하는, 두렵게 만드는 소리들 가운데
변화를 일으키는 연대와 인자하심을 약속하는
당신의 목소리가 들립니다.
우리에게 필요한 것 단 한 가지,
우리가 확신하는 그것을 바라며 기다리게 하소서.
오 주님, 우리가 주님 오시는 날을 예비하게 하소서.
아멘.

2nd-Wed of Advent / 11

가능성으로 가득한 비밀의 세상

그때에 예수께서 성령으로 기뻐하시며 이르시되
천지의 주재이신 아버지여
이것을 지혜롭고 슬기 있는 자들에게는 숨기시고
어린아이들에게는 나타내심을 감사하나이다
옳소이다 이렇게 된 것이 아버지의 뜻이니이다
제자들을 돌아보시며 조용히 이르시되
너희가 보는 것을 보는 눈은 복이 있도다
내가 너희에게 말하노니
많은 선지자와 임금이 너희가 보는 바를 보고자 하였으되 보지 못하였으며
너희가 듣는 바를 듣고자 하였으되 듣지 못하였느니라
(누가복음 10:21, 23-24)

—

예수님은 제자들이 그분이 앞두고 있는 일을 좀 더 잘 이해하기를 늘 바라셨습니다. 그래서 그들을 가르치셨습니다. 그러나 예수님의 말씀이 제자들의 생각과 맞아떨어지지 않는 것이 문제였습니다. 제자들은 예수님의 가르침을 듣고 깨닫기보다는 당황하기 일쑤였습니다. 나중에야 깨닫고 보니, 예수님은 그들이 생각하던 세상이 아니라 다른 세상을 이야기하고 계셨습니다. 모든 걸 다 알고 통제할 수 있다고 자부하는 사람은 알 수 없는, 의도적으로 숨겨진 비밀이었습니다.

"너희가 보는 것을 보는 눈은 복이 있도다"(23절). 예수님은 이처럼 수수께끼 같은 말을 던진 뒤에 또다시 말씀하십니다. "내가 너희에게 말하노니 많은 선지자와 임금이 너희가 보는 바를 보고자 하였으되 보지 못하였으며 너희가 듣는 바를 듣고자 하였으되 듣지 못하였느니라"(24절).

제자들은 선지자나 임금처럼 문화를 통해 만들어진 탁월한 이들과는 정반대 편에 있던 사람들이었습니다. 선지자는 초자연적 신비의 세계를 드나드는 사람이고, 임금은 모든 권세와 주권, 지성을 지닌 사람, 즉 모든 것이 가능한 사람입니다. 그에 비해 제자들은 어린아이처럼 순진한데, 예수님께서는 이들을 향해 선지자와 임금이, 인문학자나 과학자가 보지 못하는 것을 보고 있다고 말씀하시는 겁니다.

성경은 시작부터 끝까지 사회적 현실에 대해 이렇게 주장합니다. 물론 표면상으로는 엘리트 교육을 받은 이들이 가장 똑똑하고, 힘 있는 자가 다스리고, 모략꾼이 승리합니다. 그것을 입증하는 증거는 많습니다. 그러나 성경은 그것이 하나님의 자비와 능력으로 세상을 이해하는 방법이 아니라고, 계속해서 이의를 제기합니다. 성경은 약자들이 자유케 하며 변화시키는 능력을 행사한다고 말합니다. 만약 당신이 이걸 놓치고 싶지 않다면, 인간의 이성으로 이해할 수도 없고 설명할 수도 없는 세상에 주의를 기울여야 합니다. '그 세상'은 하나님의 거룩함으로 가득 차 있으며, '이 세상'이 주는 것보다 훨씬 더 만족스럽고 풍요롭습니다.

o

오 주님,
약한 자를 통해 주님의 은혜와 능력이 드러나는
대안적 세상을 볼 수 있도록,
우리의 눈을 열어 주소서.
주님의 거룩함으로 가득한 세상,
인간의 이성으로 이해할 수도 없고 설명할 수도 없는 그곳에서
깊이 만족하기를 원합니다.
아멘.

2nd-Thu of Advent / 12

우리가 그어버린 선

무엇이든지 전에 기록된 바는
우리의 교훈을 위하여 기록된 것이니
우리로 하여금 인내로 또는 성경의 위로로
소망을 가지게 함이니라
이제 인내와 위로의 하나님이 너희로 그리스도 예수를 본받아
서로 뜻이 같게 하여 주사
한마음과 한 입으로 하나님 곧
우리 주 예수 그리스도의 아버지께 영광을 돌리게 하려 하노라
(로마서 15:4-6)
-

여러분에게 이 좋은 소식을 전하게 되어 영광스럽게 생각합

니다. 이제 곧, 우리가 있는 곳에 새로운 세상이 펼쳐질 겁니다. 나사렛의 예수라는 놀라운 사건으로 말미암아 새로운 세상이 열리고 있습니다. 그곳에는 목자들의 마구간 냄새와 동방박사들의 향수 내음이 공존합니다. 수난과 죽음으로 가득한 금요일, 그리고 놀라운 기적과 생명이 있는 주일이 공존합니다. 그곳은 현재 우리 삶의 모순이 모두 드러나는 곳입니다. 그곳은 우리가 지금 여기를 벗어나 그곳으로 들어가기를, 기쁨과 순종, 절제로 새로 시작하기를 초청합니다.

사도 바울은 하나님의 약속이 진실하고 성실함을 이야기할 때 이 세상이 변덕과 속임수와 배신이 가득한 곳이라는 사실 또한 잘 알고 있었습니다. 우리가 그렇듯이 말입니다. 이 세상은 광고와 이데올로기, 완곡어법으로 이야기하면서 끝없는 허위의 현실로 초대합니다. 그러한 가상현실은 지속될 수 없습니다. 이 세상은 결국 우리에게 등 돌리고, 비싼 값을 치르게 만들기 때문에 우리는 거기에 의지할 수 없습니다. 하지만 그처럼 변덕스러운 세상 너머에는 우리가 의지할 만한, 정직한 하나님의 세상이 존재합니다. 하나님은 우리에게 약속을 주시고 그 약속을 지키시는 분이기 때문에 우리는 그곳에 거할 수 있습니다.

오늘 본문에서 바울은 서로가 서로를 받아 주라고 말합니다. 그는 이 세상 사람들이 두려움과 근심 때문에 다른 사람들을 따돌린다는 사실을 잘 알고 있었습니다. 우리도 마찬가지입니다. 우리는 담장과 닫힌 문에 둘러싸여 있습니다. 그런 것들은 우리들이 은사와 가능성, 자원에 접근하지 못하게 선을 긋습니다. 점점 더 많은 선이 그어져 금수저나 약삭빠른 사람만 남기고 모두가 배제되는 지경에 이르게 되고, 그들마저도 언제 또 다른 벽에 가로막힐지, 누가 배제될지 몰라 근심하고 있습니다. 하지만 그처럼 배제와 거절, 적대감이 가득한 세상 너머에는 완전히 다른 세상이 우리에게 주어집니다. 그곳에서는 다른 사람을 위협이나 경쟁의 대상으로 보지 않으며, 모든 이를 순례의 여정에 함께하는 동료로 바라봅니다.

1세기를 살던 바울도 조화롭게 서로 어우러지는 삶을 이야기할 때 그 자신의 교회와 로마제국 각 지역에서 갈등과 싸움이 벌어지고 있다는 것을 잘 알고 있었습니다. 우리도 그렇습니다. 우리는 자유주의자와 보수주의자들이 부딪히는 것을 당연하다고 생각하며, 크리스천과 무슬림이 서로를 향해 폭력을 행사하는 것을 당연하게 여깁니다. 사회적 약자와 사회적 강자가 서로 증오하며 경쟁하는 것 또한 우리 세상에서는 당연한 일입니다.

하지만 그 너머에는 유대인과 헬라인이 상생하는 세상이 있습니다. 그곳에서는 남성과 여성이, 자유인과 노예가, 우리가 생각해 낼 수 있는 모든 소외된 관계들이 회복됩니다. 그리스도께서 중간에 막힌 담을 허무셨기 때문입니다. 그분 안에서는 모든 사람들이 인간성과 본래의 마음을 되찾기 때문에 서로를 형제요 자매로 볼 수 있게 됩니다.
여러분, 이런 대안적인 세상이 우리에게 다가오고 있습니다.

o

화해시키시는 하나님,
나사렛 예수의 기적을 통해 이 땅에 이루어지는
하나님의 나라를 볼 수 있는 능력을 우리에게 주십시오.
우리가 그 나라를 받아들이고 그 안에 거하도록,
기쁨과 순종, 절제로 새로운 삶을 시작하도록 기도합니다.
아멘.

2nd-Fri of Advent / 13

당황스러운 풍요

제자들이 그가 바다 위로 걸어 오심을 보고 유령인가 하여 소리 지르니
그들이 다 예수를 보고 놀람이라
이에 예수께서 곧 그들에게 말씀하여 이르시되
안심하라 내니 두려워하지 말라 하시고
배에 올라 그들에게 가시니 바람이 그치는지라
제자들이 마음에 심히 놀라니
이는 그들이 그 떡 떼시던 일을 깨닫지 못하고
도리어 그 마음이 둔하여졌음이러라
건너가 게네사렛 땅에 이르러 대고 배에서 내리니
사람들이 곧 예수신 줄을 알고
그 온 지방으로 달려 돌아다니며
예수께서 어디 계시다는 말을 듣는 대로 병든 자를 침상째로 메고 나아오니

아무 데나 예수께서 들어가시는 지방이나 도시나 마을에서

병자를 시장에 두고

예수께 그의 옷 가에라도 손을 대게 하시기를 간구하니

손을 대는 자는 다 성함을 얻으니라

(마가복음 6:49-56)

―

여러분은 이 책 앞부분에서 예수님이 넉넉히 베푸셨던 것을 기억하실 겁니다. 그분은 떡 다섯 개와 물고기 두 마리를 가지사, 축사하시고, 떼어, 나눠 주셨습니다. 크게 네 가지 동사로 나누어집니다. "가지다, 축사하다, 떼다, 나누어 주다." 성인 남자 오천 명이 먹고도 열두 바구니나 남을 정도로 풍성한 떡이었습니다. 차고 넘칠 정도로!

하지만 그 뒤에 마가가 설명하듯이, '곧' 제자들은 풍랑 속에서 배를 타게 됩니다. 거센 바람에 맞서 열심히 노를 저었습니다. 그때 예수님께서 풍랑 속 그들을 향해 다가오셨습니다. 물 위를 걸어서, 일렁이는 혼돈의 수면 위에 찾아오셨습니다. 그분은 제자들을 겁먹게 만든 혼돈을 다스리시는 분입니다. 제자들은 예수님 때문에 놀라고 또다시 겁을 먹었는데, 예상치 못한 곳에서 예수님을 보았기 때문입니다. 제자들은 예수님이 혼돈 위로 넘어오실 줄은 상상도 못했습니다. 풍랑 한가운데 서 계신 예수님을 보리라고는 생각할 수 없었습니다. 엄

청나게 무서워 보이는 혼란 한가운데서 예수님을 만나게 되리라고는, 그분이 나타나시기 전까지는, 전혀 예상하지 못했습니다.

예수님은 '곧' 그들에게 말씀하셨습니다. "안심해라. 나다, 두려워하지 말아라." 전형적인 위로의 말씀입니다. 이사야 선지자가 이스라엘 백성들에게 그랬듯이, 예수님이 태어났을 때 천사가 목자들에게 나타나 말했듯이, 텅 빈 무덤에서 천사가 이야기했듯이, 세상의 모든 부모가 한밤중에 무서워 깬 아이에게 말하듯이 말입니다.

"무서워하지 마. 내가 여기 있잖니." "풍랑 한가운데에도 내가 있단다. 나는 너희들의 굶주림을 돌보았으니 혼돈도 잠재울 수 있단다."

마가는 왜 제자들이 두려움에 떨고 있었는지, 왜 이들이 예수님을 확신할 수 없었는지, 예수님의 변화시키는 능력을 알아챌 수 없었는지 설명하는 구절을 덧붙였습니다. 그들은 예수님이 떡을 떼시던 사건의 의미를 깨닫지 못했습니다. 떡 다섯 개와 물고기 두 마리에서 열두 바구니의 부스러기가 남게 된 현상을 이해하지 못했습니다. 넉넉하신 주님이 모든 것을 바꾸셨다는 사실을 알아차리지 못했던 것입니다. 그들의 마음은 도리어 둔해졌고, 굳어졌고, 고집스러워져서 보고도 보지 못하는 장님이 되었습니다. 그들 앞에 펼쳐진 새로운 현실에

적응하지 못했습니다.

하지만 여기, 새로운 소식이 있습니다. 성령께서 심장 이식을 하고 계십니다. 당신과 나, 우리 모두의 마음을, 너무 단단해서 제대로 기능하지 못하는 그 마음을 만지고 계십니다. 차고 넘치도록 넉넉한 빵을 만들어 내시는 하나님은 풍랑도 주관하시며 우리 마음을 새롭게 하실 수 있습니다. 돌처럼 굳어진 당신의 마음 가운데 평안이 찾아옵니다.

o

하나님, 우리는 이미 혼돈에 무감해졌습니다.
두려움과 결핍에 너무도 익숙해진 나머지
당신이 변화시키는 능력을 쉽게 깨닫지 못합니다.
우리의 굳어진 마음을 만져 주셔서 다시 부드러워지도록,
넉넉하신 주님을 맞을 날을 준비할 수 있도록 도와주세요.
아멘.

2nd-Sat of Advent / 14

더불어 희망하다

이는 한 아기가 우리에게 났고
한 아들을 우리에게 주신 바 되었는데
그의 어깨에는 정사를 메었고 그의 이름은 기묘자라, 모사라, 전능하신 하나님이라,
영존하시는 아버지라, 평강의 왕이라 할 것임이라
그 정사와 평강의 더함이 무궁하며
또 다윗의 왕좌와 그의 나라에 군림하여
그 나라를 굳게 세우고
지금 이후로 영원히 정의와 공의로 그것을 보존하실 것이라
만군의 여호와의 열심이 이를 이루시리라
(이사야 9: 6-7)

—

유대인과 기독교인의 공통점이 딱 하나 있습니다. 바로 이 세상을 바로잡을 분이 오실 거라는 믿음입니다. 우리는 하나님께서 세상을 향한 뜻을 아직도 포기하지 않았으며 세상을 온전하고 안전하게, 평화롭게 만드시겠다는 약속도 여전히 유효하다고 믿습니다. 우리는 세상을 새롭게 하실, 앞으로 오실 그분이 하나님의 방법에 헌신된 인격이라는 사실을 믿습니다. 꿈같은 하늘나라가 이 땅에 현실로 펼쳐질 것을, 우리는 믿습니다. 그 때문에 우리는 "아버지의 나라가 임하시오며, 뜻이 하늘에서 이루어진 것같이 땅에서도 이루어지이다"라고 주기적으로 기도합니다.

기독교인이 유대인을 포함한 다른 사람들과 구별되는 점은 하나님께서 보내실 그분이 이미 이 땅에 오셔서 자신의 역할을 시작하셨다는 사실을 믿는다는 점입니다. 그분은 나사렛 예수이십니다. 우리는 그분을 그리스도라고 부릅니다. 이는 히브리어 '메시야'를 그리스어로 번역한 단어입니다.

맨 처음 교회가 형성되었을 때부터 기독교인들은 예수님을 보았고, 그분의 사역을 목격했습니다. 그분의 가르침을 들었고, 그분의 지혜를 깨달았습니다. 그분이 가난한 자와 다리저는 자, 눈 먼 자, 문둥병자의 필요에 민감하게 반응하시는 것을 보았습니다. 도저히 살아날 수 없을 것 같은 사람에게 새 생명을 불어넣으시는 것을 보았습니다. 예수님에게는 하나님의 살리는 능력이 있다는 점을 깨닫고, 그렇게 결론을 내렸습니다. 그래서 우리는 유대인들이 메시야를 기다리듯이, 메시야이신 그리스도 예수께서 다시 오셔서 세상을 바로잡으시리라고 믿으며 기다립니다.

그렇다면 성탄절은 그분께서 다시 오실 날을 기다리는 때라고, 굳이 말할 필요가 있을까요? 성탄절은 이미 새로운 시대가 시작되었음을 묵상하는 시간이라고, 새삼스레 말할 필요가 있을까요? 세례를 받을 때 이미 기독교인들은 예수님이 담지하시는 하나님의 성품인 정의와 의로움, 연민, 용서가 우리 안에서 작용하도록 동의했다는 사실을, 굳이 상기시킬 필요가 있을까요? 그런데 그러한 기다림이 여러분에게 기쁨을 가져다주고 있습니까? 그보다 크리스마스 문화가 요구하는 과도한 부담을 느끼고 있지는 않은가요? 우리는 하나님께서 우리 가운데서 우리가 속한 시대와 공간에 맞추어 약속을 이행하시는 중이라고, 우리는 그렇게 믿습니다.

。

이번 절기에는 성경에서 말씀하시는 희망을 바라봅니다.
아버지께서 이 세상을 그냥 지나치지 않으셨다고 믿습니다.
예수님께서 다시 오실 날을 기다리는 동안
우리를 성령으로 채워 주셔서
우리가 속한 시대와 공간 속에서
정의와 의로움, 연민, 용서를 행하게 하소서.
아멘.

3rd-Sun of Advent / 15

준비하고, 고대합니다

여호와여 나의 영혼이 주를 우러러 보나이다
나의 하나님이여 내가 주께 의지하였사오니
나를 부끄럽지 않게 하시고
나의 원수들이 나를 이겨 개가를 부르지 못하게 하소서
주를 바라는 자들은 수치를 당하지 아니하려니와
까닭 없이 속이는 자들은 수치를 당하리이다
여호와여 주의 도를 내게 보이시고 주의 길을 내게 가르치소서
주의 진리로 나를 지도하시고 교훈하소서
주는 내 구원의 하나님이시니 내가 종일 주를 기다리나이다
(시편 25:1-5)
-

우리가 대림절에 조심스레 해야 할 작업이 있습니다. 바로 두 가지 커다란 위험 사이를 빠져나가는 일입니다. 그중 하나는 교회 주변을 맴돌며 하나님의 시간과 날짜, 일정에 정통하다고 자부하는 위험한 사람들입니다. 이들은 전천년설이나 후천년설 같은 종말론에 대해서도 자신 있게 설명하면서 그리스도께서 다시 오실 때를 정확히 아는 것처럼 말합니다. 이들은 지식이 너무 많기 때문에 자신들의 이론으로 하나님의 자유를 제한합니다.

또 다른 위험은 세상의 종말을 이야기하는 사람들 때문에 현재 상황보다 더 나아질 것이 없을 거라고 생각해 버린 나머지 주님이 다시 오실 날을 전혀 기대하지 않으며, 지금의 안락과 부를 사랑하는 사람들입니다.

우리는 주님이 다시 오실 때를 지나치게 기대하는 사람들과 이를 전혀 기대하지 않는 두 집단 사이의 애매한 곳에서 살아가고 있습니다. 우리는 성탄절을 고대하면서 대림절을 대합니다. 우리는 '무엇'이 다가오는지는 알지만 그때가 '언제'일지는 모릅니다.

우리는 하나님의 정의로운 다스림과 자비가 이 땅에 흥하기를 바라며 대림절 기간에 준비하고, 성탄절을 고대합니다. 그 풍성한 삶을 부정하려는 모든 시도는 파기될 것입니다. 우리가 함께 모일 때마다 "나라가 임하시오며, 주의 뜻이 이루어지기를" 기도합니다. 우리는 하나님께서 스스로를 드러내셔서 혼돈과 죽음, 탐욕, 잔인함, 이기심과 증오가 휘두르는 힘이 끊어지기를 기도합니다. 그런 것들은 하나님께서 우리를 찾아오시면 사라져 버리기 때문입니다. 우리는 늘 확신하며 다음과 같은 말로 기도를 마칩니다.

"나라와 권세와 영광이 아버지께 영원히 있사옵나이다"

하나님 외에 누구도 나라와 권세와 영광을 소유하지 못합니다. 하지만 우리는 그때가 언제일지 모릅니다.

하나님께서 우리에게 다시 오시는 행위의 주체는 하나님이지, 우리가 아니기 때문입니다. 하나님께서 우리에게 그 방법을 알려주시지 않았으므로 그것은 비밀입니다. 결국 죽음의 권세가 쇠할 것이라는 희망은 여전히 상상하기가 어렵지만, 그 소망의 때가 언제일지, 어떻게 그렇게 될지 우리는 알지 못합니다. 우리가 그 모든 일을 하나님께 맡겨 두었기 때문에 그러합니다.

○

주님, 우리는 때로 너무 똑똑한 나머지
당신의 능력을 우리의 좁은 시야로 가두어 버립니다.
새로운 것을 전혀 기대하지 않고,
주님의 새로움마저 거부하며
우리 자신을 절망에 가두어 놓기도 합니다.
하지만 이번 대림절에는
주님의 다시 오심이 '언제'일지 불안해하기보다는
깊게 묵상하며 열정적으로 그때를 바라게 하소서.
아멘.

3rd-Mon of Advent / 16

믿음을 보게 되는 틈

요한이 옥에서 그리스도께서 하신 일을 듣고
제자들을 보내어 예수께 여짜오되
오실 그이가 당신이오니이까 우리가 다른 이를 기다리오리이까
예수께서 대답하여 이르시되
너희가 가서 듣고 보는 것을 요한에게 알리되
맹인이 보며 못 걷는 사람이 걸으며 나병환자가 깨끗함을 받으며 못 듣는
자가 들으며 죽은 자가 살아나며 가난한 자에게 복음이 전파된다 하라
누구든지 나로 말미암아 실족하지 아니하는 자는 복이 있도다 하시니라
(마태복음 11:2-6)

—

세례 요한과 예수님의 차이는 근소합니다. 일 밀리미터나 될

까 싶지만, 그 좁은 틈에서 우리의 믿음이 결정됩니다. 예수님이 오실 것을 준비하는 대림절과 예수님이 실제로 오신 성탄은 엄청나게 다른 사건입니다. 비록 스치듯 짧은 하나의 사건일 뿐이고, 세상은 그 차이를 알아차리지도 못하지만, 이는 혹독했던 요한의 시대에서 예수님의 시대로 넘어가는 엄청난 변화입니다. 그 둘은 무척이나 다릅니다.

우리가 성탄절을 맞이하며 고대하는 예수님의 때는 놀라운 치유와 형언할 수 없는 새로움, 조건 없는 선물로 우리 삶이 온전케 되는 때입니다. 우리 그리스도인들은 그것을 기대하며 세례를 받습니다. 예수님이 오신다는 것은 믿기 어려울 정도로 멋진 일이기 때문에, 친척인 세례 요한조차 그 사실을 믿지 못했습니다. 요한은 헤롯 왕이 평화를 무너뜨린다는 죄목으로 옥에 가둔 '테러리스트 신학자'라 할 수 있습니다. 감방에 갇힌 요한은 이 믿을 수 없는 예수에게 이런 질문을 전달합니다.

"당신이 모든 것을 새롭게 하실 그분입니까? 정말입니까? 성탄을 기대해도 되는 겁니까?"

예수님은 늘 신중하고 조심스레 대답하십니다.

"사도신경이 완성되어 내가 하나님의 아들이라는 사실이 공식 선포되려면 아직 한참 멀었다. 그러니 내가 그라고 단언할 수는 없다. 하지만 스스로 답을 판단할 수 있도록 필요한 자

료를 주마."

"너희가 가서 듣고 보는 것을 요한에게 알리되 맹인이 보며 못 걷는 사람이 걸으며 나병환자가 깨끗함을 받으며 못 듣는 자가 들으며 죽은 자가 살아나며 가난한 자에게 복음이 전파된다 하라"(4-5절).

예수님은 두려움과 실패, 무능력한 상태에 처한 사람들에게 새로움과 기적, 놀라운 일과 변화를 가져다주십니다. 이들의 한계를 뛰어넘는 새로움으로 그 삶을 감싸안으십니다. 그분이 하시는 일이 그렇습니다. 그분이 가시는 곳마다 새로운 일이 벌어집니다. 그분이 가시는 곳마다 새로움과 치유, 회복이 그분의 몸에서 발산됩니다. 그것이 바로 성탄절에 새로 태어날 세상입니다. 세례 요한이 스스로 결론에 이를 수도 있겠지만, 예수님께서 행하시는 일은 모두 예정된, 모두가 바라는 일이라는 점은 확실합니다. 자랑이 아닙니다. 다만 이 세상이 줄 수 없는 새로운 세상의 탄생을 여러분께 고할 뿐입니다.

o

오 하나님, 이 세상에 다가오는 새로움을 위해 우리의 마음을 준비하소서.
이 세상과 삶에서 드러나는 새로움을 보도록, 성탄절을 기대할 만 하다는 사실을 깨닫도록, 우리의 눈을 열어주소서. 아멘.

3rd-Tue of Advent / 17

반전

그들이 떠나매 예수께서 무리에게 요한에 대하여 말씀하시되
너희가 무엇을 보려고 광야에 나갔더냐 바람에 흔들리는 갈대냐
그러면 너희가 무엇을 보려고 나갔더냐
부드러운 옷 입은 사람이냐 부드러운 옷을 입은 사람들은 왕궁에 있느니라
그러면 너희가 어찌하여 나갔더냐 선지자를 보기 위함이었더냐
옳다 내가 너희에게 이르노니 선지자보다 더 나은 자니라 기록된 바
'보라 내가 내 사자를 네 앞에 보내노니 그가 네 길을 네 앞에 준비하리라'
하신 것이 이 사람에 대한 말씀이니라 내가 진실로 너희에게 말하노니
여자가 낳은 자 중에 세례 요한보다 큰 이가 일어남이 없도다
그러나 천국에서는 극히 작은 자라도 그보다 크니라
(마태복음 11:7-11)

—

세례 요한은 모든 것을 준비하는 사람입니다. 요한의 준비과정을 건너뛰어 성탄절로 바로 갈 수는 없습니다. 예수님이 물어보십니다. "요한의 목소리를 들었을 때 작고 비겁한 사람을 떠올리셨나요?" "그건 대림절이 아니란다." "나들이옷을 멋지게 차려입은 사람을 기대하셨나요?" 성탄절이라면 가능하겠지만, 대림절은 아닙니다.

세례 요한의 생김새를 알았더라면, 예언자를 떠올렸을 것입니다. 예언자가 어떤 사람인지 아시겠지요? 바로 이스라엘의 희망입니다. 앞날을 향한 하나님의 계획을, 하나님께서 주실 새로움을 바라보는 사람들입니다. 이들은 이스라엘 사람들에게 모세오경이 명령하는 정의와 자비, 이웃 사랑, 그리고 공동체를 위해 개인이 희생할 것을 요구합니다. 예언자는 이스라엘의 위대한 지도자입니다. 변화와 회개를 요구하면서, 정신없이 빠르게 돌아가는 이 세상의 쳇바퀴에서 이스라엘을 불러내어 인내심이 필요한 이웃 사랑과 인간성, 자비와 정의의 현실로 돌아가게 만드는 이들입니다.

예수님은 감옥에 갇힌 친척이 준비작업에 아주 중요한 역할을 할 사람이라는 것을 알고 계십니다. 하지만 요한에 대해 말씀하시고는 그보다 더 큰 일을 이야기하십니다. 희망을 이야기하고, 앞날을 내다보고, 회개를 요청하는 것도 중요한 일이고, 거기에 귀 기울여야 하는 것도 맞습니다. 그러나 예수님은 여러분이 요한과 대림절에만 지나치게 집중한 나머지 그분의 새로움으로 삶이 변화되는 순간을 놓쳐버리는 일이 없기를 원하십니다.

요한은 너무나 잘 알려진 유명 인사입니다. 헤롯 대왕으로부터 시작해서 모든 사람이 그를 압니다. 하지만 천국에서는 극히 작은 자라도 요한보다 크다고 말씀하십니다.

얼마나 중요한 사실인가요! 옛 율법도 중요하고, 순종과 헌신을 가르쳐 좋은 행실과 자비, 긍휼을 실천하게 하는 말씀도 중요하지만, 그보다는 베들레헴에 새로 태어나신 분이 더 위대합니다. 그분을 믿고 그 말씀을 행하는 자들이 더 크다는 사실을 잊지 마십시오.

대림절은 감옥에 갇힌 요한의 곁에 서서 그 새로움을 바라보는 기간입니다. 그 새로움 가운데 가장 작은 자가 되는 것이 옛 율법보다 훨씬 위대하다는 말이 무슨 의미일지 상상해 보십시오. 그 반전이 우리가 받은 새 소식입니다. 예수님께서 말씀하십니다. "귀 있는 자는 들을지어다!"

하나님의 새로움이 다가옵니다!
우리가 그 새로움을 믿고, 받아들이고, 실천하여
예수님의 사역에 동참하게 하소서.
우리를 둘러싸는 예수님의 기적 가운데 살아가게 하소서.
아멘.

3rd-Wed of Advent / 18

상실 너머 불어오는 바람

이새의 줄기에서 한 싹이 나며
그 뿌리에서 한 가지가 나서 결실할 것이요
그의 위에 여호와의 영 곧 지혜와 총명의 영이요 모략과 재능의 영이요
지식과 여호와를 경외하는 영이 강림하시리니
(이사야 11:1-2)

—

하나님께서는 죽은 것처럼 보이는 뿌리에서도 새로움을 불러일으키십니다(1절). 바람을 통해서도 새로움을 불러일으키십니다. '성령'이라는 바람은 우리의 생각을 뛰어넘어 새로운 가능성을 선사합니다. "여호와의 영이……강림하시리니"(2절) 태초에 바람이 불어 마른 땅과 물이 나누어졌습니다. 하나님

의 영이 바람으로 임하사 세상이 시작되었습니다(창 1:2). 아브라함의 자손이 모두 실패하여 더 이상 그 뒤를 이을 자손과 미래가 없어질 수 있는 절망의 순간에도 함께했던, 그 바람은 능력과 권세로 예수님께 세례를 베풀었던 것입니다(마 3:11). 이 바람은 절망과 불신을 멀리 날려버리고 그 대신 능력과 용기로 채워진 교회를 세웁니다(행 2:2-4). 그 바람으로 이 세상이 창조되었고, 예수님이 능력을 입었으며, 교회가 현실에서 이루어졌습니다. 이사야의 예언은 우리가 제대로 설명할 수도, 통제하거나 초청하거나 저항할 수도 없는 이 바람을 주제로 삼고 있습니다.

우리는 교회나 가족, 사업, 왕조, 심지어 이 세상의 끝이 어떻게 되는지 알고 있습니다. 우리가 최선이라고 계획했던 것들이 힘을 잃고, 쓰러지고, 영원할 수 없다는 것도 알고 있습니다. 너무나 마음이 아프지만 한계가 분명히 보입니다. 그런데 위의 예언에서는 스스로 존재하는 분의 시작을 이야기하고 있습니다. 그 시작은 너무나 희귀합니다. 우리의 믿음은 이 놀라운 말씀의 가슴 아픈 결말을 부인하려 합니다. 대림절은 예언서 말씀을 상상하는 것과 같습니다. 여러분은 그 말씀이 너무 뻔하다고 생각한 나머지 현실주의에 안착할지도 모릅니다. 어떻게 해서든 결말을 늦춰보려 애쓰면서 말입니다.

하지만 세례를 받은 우리는 상실을 아까워하지 않습니다. 그

대신 예언자가 위에서 그리는 비전과 가능성을 기대합니다. 아니, 그보다 하나님의 창조하시며, 생성하시며, 치유하시며, 변화시키는 그분의 바람을 기대합니다. 상실 너머에는 새로움이, 죽음 너머에는 삶이 있기 때문입니다. 혼돈 너머에는 새로운 창조가, 그리고 그 너머에는 바람이, 하나님의 영이, 예언이, 새 생명이 있습니다. 바람처럼 불어오는 새로움은 우리의 소유가 아닙니다.

우리가 해야 할 일은 반응하며, 받아들이며, 회개하며, 좋은 열매를 맺으며, 다시 시작하는 것입니다. 그 선물을 우리의 언어로 마땅히 설명할 수가 없습니다. 하지만 우리는 그 선물과 그 바람을 깨닫고, 그것을 바라며, 그것을 향해 나아갈 수 있습니다. 어린아이와 사자와 뱀, 양, 모든 창조물과 함께 나아갈 때, 오직 그 바람으로 인해 다시 태어날 수 있습니다. 그때 우리는 깨닫게 됩니다. 다윗의 자녀를 통해 불어오는 그 바람이 우리에게 지속적으로 새 생명을 가져다준다는 사실을 말입니다.

o

바람의 하나님,
당신의 새롭게 하시는 능력에
우리가 다시 한 번 반응할 수 있게 하소서.
우리는 한계를 잘 압니다.
과거의 현실을 지탱하려 애쓰는 것이 얼마나 피곤한 일인지도 잘 압니다.
이번 대림절에는 새로운 시작으로 우리를 자유케 하소서.
아멘.

3rd-Thu of Advent / 19

위험한 부르심

이때부터 예수께서 비로소 전파하여 이르시되
회개하라 천국이 가까이 왔느니라 하시더라
갈릴리 해변에 다니시다가
두 형제 곧 베드로라 하는 시몬과 그의 형제 안드레가
바다에 그물 던지는 것을 보시니 그들은 어부라 말씀하시되
나를 따라오라 내가 너희를 사람을 낚는 어부가 되게 하리라 하시니
그들이 곧 그물을 버려 두고 예수를 따르니라
(마태복음 4:17-20)

—

오늘 우리가 읽은 본문은 이 세상의 권세와 현상 유지를 위협하는 어떤 사람에 관한 내용입니다. 그분은 엄청난 능력으로

임하십니다. 그분이 임하실 때마다 늘 말씀하는 것이 세 가지 있는데, 이 셋은 복음의 특징을 설명합니다.

1. 하나님 나라(천국)가 가까이 왔다

예수님은 새 나라의 도래를 선포하신다는 점에서 혁명가입니다. 당연히 그 말씀을 처음 들은 사람들은 예수님이 로마 제국을 뒤집어엎을 인물이라고 이해했습니다. 당시 팔레스타인 지역을 점령하고 있던, 그들이 혐오하던 로마 제국 말입니다. 그래서 그들은 예수님을 환영했습니다. 그 이후로도 예수님의 강림과 새 나라 선포에 대해 들은 사람들은 예수님이 말씀하시는 새 나라가 억압적 정치세력이나 노예제, 가난, 정부의 탄압을 뒤집는 것이라 이해했습니다. 예수님이 그 모든 정치적 상황에 도전하셨기 때문입니다. 어떤 이들은 예수님의 선언을 개인적으로 받아들이기도 했습니다. 중독이나 죄책감, 우리를 괴롭히는 오래된 분노와 상처에 맞서 싸우는 새 체제로 여겼습니다. 요즘 같아서는 사회를 좀먹는 소비지상주의와 끊임없이 이어지는 탐욕, 소유욕에서 벗어나라는 초청으로 받아들이는 사람도 있을 것입니다. 예수님의 세상에는 하나님이 빛으로 임하시기 때문에 어둠의 옛 권세와 파괴력은 물러갑니다.

2. 회개하라

하나의 짧은 단어이지만, 우리의 부족하기만 한 도덕주의에 지나치게 남용됩니다. 그러나 사실은 무척 거대한 의미를 지닌 단어입니다. 회개는 변화를 필수적으로 요청합니다. 우리의 방향과 충성의 대상을 바꾸기를, 죄책감에서 긍휼로, 나 자신에서 이웃으로, 좌절의 늪에서 날아갈 듯한 기분으로, 새로운 체제로 변화를 요청합니다. 따라서 예수님의 말씀을 들은 사람들은 그 말씀에서 변화할 힘을 얻었습니다. 회개라는 단어는 명령조이지만 권위를 부여하기도 합니다. 이제 우리는 예전에 섬기던 과거의 체제와 두려움, 죄책감, 부채에서 벗어날 권위를 부여받았습니다. 멸시와 고통이 가득한 세상에 그 빛이 오셔서 우리를 자유롭게 하셨습니다.

3. 나를 따라오라

예수님은 그분과 함께할 사람을 찾고 계십니다. 그러려면 이전 삶의 방식과 구체제에 충성하던 태도를 무너뜨려야 합니다. 예수님은 우리에게 잔소리를 하거나 강요하지 않았습니다. 앞으로 이루어질 것을 위해 진정으로 과거를 떠날 준비가 되어 있기를 바라셨습니다. 그 빛이 사람들로 하여금 각자의 어둠을 떠나게 합니다. 마치 곤충이 불빛에 모여드는 것처럼 말입니다.

빛이신 예수님은 하나님의 선물입니다. 갈릴리 바닷가의 어부들은 그분의 새로운 세상으로 즉시 들어갔습니다. 우리도 그 빛을 향하여 갑시다.

○

새 날의 하나님,
이 절기에 우리에게 오셔서 하나님 나라의 소식을 가져다주시고
우리로 하여금 회개하며 당신을 따르도록 불러주십시오.
희망 없이 살아가는 우리를 이끌어 내셔서
새 생명을 향한 새 능력을 힘입게 하소서.
아멘.

3rd-Fri of Advent / 20

천국의 법칙

보라 내가 새 하늘과 새 땅을 창조하나니
이전 것은 기억되거나 마음에 생각나지 아니할 것이라
(이사야 65:17)

—

천국에 대해 이야기해 볼까요? 어색하고 나와 상관없는 이야기라고 느끼실 겁니다. 여기서 그런 이야기를 편하게 할 수 없다면, 누구든 다른 어느 곳에서도 이런 이야기를 할 수 없을 겁니다. 거의 모든 사람은 천국이라는 주제를 따분하거나 자기와 상관없는 공허한 이야기라고 치부합니다. 보수적인 사람들은 하나님에 대한 주제가 이미 오래전에 정리되었기 때문에 다시 논의할 필요가 없다고 생각하는 경향이 있습니다. 진보적인 사람들은 그와 같은 주제가 자기들과 상관없다고 생각하기 때문에 '더 소외된 자들'에게 다가가려는 경향을 보입니다. 그런 점에서 이사야가 자신의 시적 은사를 천국을 이야기하는 데 할애하는 것이 이상하지 않나요? 특히 그의 공동체가 목전에 다다른 절망과 낙심에 떨고 있을 때 본문의 말씀처럼 예언한 것이 이상하지 않나요? 다른 방식으로 대응했어야 한다고 생각할지도 모르겠습니다. 하지만 그는 그것이 자신의 임무라고 여겼습니다.

새로움에 있어서 반드시 인정해야 하는 부분은, 우리가 대하는 하나님이 새로운 분이라는 사실, 과거 제국을 다스리던 전통적인 의미의 신이 아니라는 점을 용감하게 인정하는 것입니다.

여러분이 이해하는 하나님은 대부분의 사람들이 그렇듯이 천국을 다스리시는 분입니다. 그러나 사람들은 천국의 하나님을 절대적인 힘을 가진 이기적인 존재, 원하는 대로 마음껏 소유하거나 빼앗아 가는, 만족할 줄 모르는 탐욕을 가진 자본주의적 소비자로 여깁니다.

우리는 하나님에 대한 이미지를 유지한 채 이 세상에서 우리 자신과 경제를 운영해 갑니다. 지구상의 가난이라는 문제는 인간의 탐욕이 어쩔 수 없는 현실이라며 합리화하는 우상을 무너뜨리기 전에는 완전히 극복할 수 없습니다. 성경이 전하는 새 소식은 높은 곳에서부터 새 힘이 내려와 다스린다는 것, 그 하나님의 계획이 이 땅에서 이루어진다는 것입니다.

위 예언의 말씀은 우리와도 밀접한 관련이 있습니다. 이 예언은 몇몇 사람이 다른 사람을 희생시켜 부자가 되는 부자연스러움이 일시적인 현상이라고 확언합니다. 그런 부자연스러움이 지속될 필요가 없습니다. 결국에는 끝이 날 것입니다. 하나님이 그렇게 약속하셨고, 그 약속은 조만간 이루어질 것이기 때문입니다.

우리는 이런 말을 들을 때마다 냉소적으로 비웃고 냉담해지거나 무심코 잊어버립니다. 하지만 약속은 약속입니다. 우리는 이 세상에 굴복할 사람이 아니라 정의의 새로운 시대를 향해 도전할 사람들입니다.

o

하나님, 조만간 당신의 약속이 이루어질 것을 압니다.
새 하늘을 따라 새 땅이 이루어질 것을 압니다.
그래서 그 날을 바라며 기다립니다.
우리가 계속 그 나라에 관심을 갖도록 도우소서.
정당하지 못한 부자연스러운 처사를 극복하도록,
당신의 새로움을 향해 계속해서 도전하도록,
우리에게 능력을 더하소서.
아멘.

3rd - Sat of Advent / 21

모든 기대, 그 너머

참 빛 곧 세상에 와서 각 사람에게 비추는 빛이 있었나니
그가 세상에 계셨으며 세상은 그로 말미암아 지은 바 되었으되
세상이 그를 알지 못하였고 자기 땅에 오매
자기 백성이 영접하지 아니하였으나
영접하는 자 곧 그 이름을 믿는 자들에게는
하나님의 자녀가 되는 권세를 주셨으니
이는 혈통으로나 육정으로나 사람의 뜻으로 나지 아니하고
오직 하나님께로부터 난 자들이니라
말씀이 육신이 되어 우리 가운데 거하시매 우리가 그의 영광을 보니
아버지의 독생자의 영광이요 은혜와 진리가 충만하더라
(요한복음 1:9-14)

—

예수님에게는 왕 같지 않은 부분이 있습니다. 그분은 가식이나 야망, 고급 리무진이나 군대와 억압, 왕실 인장 같은 게 없었습니다. 영리한 사람들은 왕좌를 지향합니다. 왕이나 예언자는 풀리지 않는 문제를 해결하고자 합니다. 그러나 왕으로서의 희망과 노래 가운데 나타나신 예수님은 그와 달리 약한 중에 강하고 가난한 중에 부요하며, 어리석은 중에 현명한 분이기 때문에 그리스의 철학자는 혼란스러워하고, 유대인은 당황합니다.

예수님은 어떤 능력의 범주에서도 벗어나는 분입니다. 부드럽고 자상하며 유연하지만, 때로는 벅찬 일을 요구하는 하나님의 능력을 지니신 분입니다. 그분은 화려한 성이나 도시, 왕조를 건설하는 데 연연하기보다 창조주 하나님의 능력과 진리 안에 거하십니다.

하지만 요한은 기독론을 이야기하려는 것이 아닙니다. 곧바로 제자들을 향합니다. 여러 제자들이여, 직접 보지 않았는가? 그를 알지 않았는가? 그분과 함께 하지 않았는가? 그분이 당신을 치유하시고, 먹이지 않으셨는가? 그분의 빵과 포도주를 먹고 마시지 않았는가? 그렇지 않은가?

- 당신은 알고 있습니다. 폭력의 시대가 아닌 성령에 뿌리박힌 삶을.

- 당신은 알고 있습니다. 부와 권력으로부터 돌아서서 가난한 자와 함께함을.
- 당신은 알고 있습니다. 피조물의 온전함을, 그래서 예수님의 떡과 포도주가 약속한 그 온전함을 갈망한다는 점을.
  그렇지 않습니까?

그렇기에 우리는 계속 노래할 수 있습니다. 앞으로도 주욱 그럴 수 있습니다. 계속 희망을 바라볼 수 있습니다. 그렇게 노래하며 바라기에 냉소주의에 빠지는 일 없이 두려워하지 않으며, 억압받는 느낌도 없고, 부담 없이 자유로울 수 있습니다. 우리의 노래는 계속됩니다. 우리는 전복과 혁명을 노래합니다. 우리는 이처럼 특별한 분을 왕으로 모셨기에, 노래하면서 두려움 없이 살아가기로 그분과 계약을 맺었습니다.

ㅇ

기쁨과 희망의 하나님,
왕이신 예수님을 통해 우리에게 오소서.
그분은 우리가 이해하는 권능을 완전히 새롭게 하십니다.
당신의 임재를 예측할 수 없고 붙잡을 수도 없지만,
치유와 공급을 통해 당신의 임재를 깨닫습니다.
우리의 마음을 열어주셔서 계속 노래하며 희망을 바라도록,
두려움 없이 살아가게 하소서. 아멘.

연애편지

내가 너희를 생각할 때마다 나의 하나님께 감사하며
간구할 때마다 너희 무리를 위하여 기쁨으로 항상 간구함은
너희가 첫날부터 이제까지 복음을 위한 일에 참여하고 있기 때문이라
너희 안에서 착한 일을 시작하신 이가
그리스도 예수의 날까지 이루실 줄을
우리는 확신하노라
(빌립보서 1:3-6)

—

성탄절을 기다리는 대림절에 연애편지를 받는다면 어떨까요? 빌립보서가 바로 그런 편지입니다. 바울이 빌립보 교회에 있는 친구에게 보내는 연애편지 말입니다. 그 편지에는 대림절

에 성탄절 준비를 위해 필요한 모든 것이 담겨 있습니다.

빌립보서는 우리의 삶이 하나님의 목적을 향한 큰 드라마로 둘러싸여 있다는 점을 확언합니다. 우리는 그 장엄한 시작과 멋진 결말을 깊이 생각합니다. 여러분의 삶이 하나님의 거대한 목적으로 둘러싸여 있다고 상상해 보십시오.

바울은 '이미, 그러나 아직' 사이에 끼여 있는 대림절에 우리가 할 일이 무엇인지에 관해 구체적으로 잘 설명하고 있습니다. 그 중간에 처한 우리에게는 아직 마치지 못한 일이 있습니다. 우리 자신이 바로 진행 중인 일이기 때문입니다. 연애편지도 그런 식입니다. 편지를 받을 사람은 앞으로 계속해서 작업해야 할, 완료되지 않은 대상입니다. 하나님께 사랑받는 사람들 앞에 펼쳐질 위대한 결말을 향해 나아가는 그 사람들을 계속 지지하기 위해 편지를 쓰는 것입니다.

바울은 모든 것이 모여 "하나님의 영광과 찬송이 되기를 원하노라"(11절)는 말로 편지를 맺습니다.

대림절에 해야 할 일이란, 간단히 말해 우리 자신을 즐거이 하나님께 내어드리는 것이며, 우리 삶을 하나님께 되돌려드리는 겁니다.

대림절 연애편지에서 가장 인상적인 부분은 바로 바울이 교회를 향해 편지를 쓰면서 성탄절 준비를 무척 진지하게 다룬다는 점입니다. 그가 생각하는 성탄절 준비란 이 세상의 상업적인 화려함과는 아무 관계가 없습니다. 그보다는 우리가 하나님의 멋진 드라마에 초점을 둘 때 우리는 다른 계획을 갖게 되는 겁니다. 그 계획이란 우리가 하나님의 자비 가운데 어떻게 살아가느냐 하는 심오한 현실에 깊이 닿아 있습니다. 우리는 성탄절을 향한 상업성 잔치에 발목 잡히지 않으리라 굳게 결심할 수 있도록, 서로를 위해 기도할 것입니다. 대림절이 끝나갈 무렵이면 언제나 이렇게 물어야 합니다.

"준비됐나요?"

차고 넘치게 사랑받을 준비가 되셨나요? 지식과 통찰력을 갖추었나요? 순수하고 흠 없이 준비되셨나요? 의의 열매를 맺었나요?

아니, 아직입니다. 하지만 우리는 충만한 완성을 향해 나아가고 있습니다. 하나님께서 우리의 삶을 완성하실 것입니다. 우리는 기쁘게 기다리면서 감사할 것입니다.

○

우리에게 다가오시는 하나님,
우리는 차고 넘치게 사랑받을 준비가 필요합니다.
주님께서 우리에게 다가오시는 중이지만,
우리도 주님께 나아가가게 하소서.
기다리는 중에도 기뻐하며 감사하게 하소서. 아멘.

4th-Mon of Advent / 23

왕의 결정

그 지역에 목자들이 밤에 밖에서 자기 양 떼를 지키더니
주의 사자가 곁에 서고 주의 영광이 그들을 두루 비추매
크게 무서워하는지라
천사가 이르되 무서워하지 말라
보라 내가 온 백성에게 미칠 큰 기쁨의 좋은 소식을 너희에게 전하노라
오늘 다윗의 동네에 너희를 위하여 구주가 나셨으니
곧 그리스도 주시니라
(누가복음 2:8-11)

—

성탄절에는 하나님의 새로운 결정을 축하하는 날입니다. 무엇을 새로이 결정하셨는지 잘 아시겠지요? "오늘 다윗의 동

네에 너희를 위하여 구주가 나셨으니 곧 그리스도 주시니라"
(11절). 여기서 말하는 왕은 로마 황제 카이사르나 예루살렘의
헤롯이 아닙니다. 본디오 빌라도도 아니고, 대통령이나 총리,
권력자, 장군도 아닙니다. 세상이 새로운 방향을 향해 바뀌었
기 때문입니다. 따라서 큰 성읍이 아닌 가난한 작은 마을 베
들레헴에서 왕이 나실 수 있습니다.

하지만 이것이 무슨 뜻일까요? 바로 하나님께서 약속을 지키
셨다는 것을 의미합니다. 하나님은 신실하십니다. 약속을 취
소하시지 않습니다. 이미 천 년 전에 다윗의 자손을 지켜 왕
으로 세우겠다고 약속하셨습니다. 진짜 왕을 보내시겠다고,
그 왕이 온 세상을 회복시킬 것이라고 말입니다. 그때는 두려
움이 기쁨으로, 억압이 정의로, 고통과 슬픔이 온전함으로 회
복될 것이라고, 약속하셨습니다.

왕들은 왕좌를 지키기 위해 애썼습니다. 그들은 공포에 싸인
나머지 어떤 사람이든, 어떤 것이든 두려워했습니다. 그래서
사람들을 죽이거나 두려움의 대상을 무너뜨릴 수밖에 없었
고, 인간의 역사는 그런 일들로 가득합니다.

오직 하나님만이 새로운 결정을 내리실 수 있었습니다. 이 새
로운 약속은 위협이 아닌, 어린아이의 모습으로 다가왔습니
다. 혼자서는 어찌하지 못하는 아이 말입니다. 남들보다 뛰어
나거나 우러러볼 만한 모습이 아니기에 세상이 그를 알아보

지 못합니다. 그래도 그분은 왕입니다. 영광의 광채가 아닌, 아기 옷을 입으셨습니다. 왕궁의 화려한 방이 아니라 누추한 외양간에 누워 있습니다. 이 모두가 말이 되지 않는 상황입니다. 어떤 형식이나 공식으로 삶을 설명하려는 사람들은 이런 상황을 이해하지 못합니다.

여러분이 성탄절을 새로운 세상을 바라보는 하나님의 새로운 결정으로 받아들이지 않는다면, 베들레헴의 아기는 아무 의미가 없습니다. 새로운 왕이 오심으로 새로운 세상이 선포되었습니다. 이를 전달한 주의 사자 곁에서 천사들의 노래가 울려 퍼집니다. 천사들이 하나님의 새로운 결정을 영광과 평화로 노래합니다.

천사라는 존재가 너무 구식이라고 생각하실지도 모르겠습니다. 하지만 하나님의 새로운 계획을 상징적으로 풀어 내기 위한 방법입니다.

성탄절은 예산과 계획, 법칙으로 가득한 우리의 '멀쩡한' 세상을 떠나서, 잠시라도 하나님께서 우리에게 원하시는 방향으로 생각하는 시간입니다.

o

변함없이 흘러가는 우리의 일상에 거룩한 능력으로 불쑥 찾아오소서.
우리의 구습과 생각을 깨뜨리시고,
천사들이 노래하던 큰 기쁨의 좋은 소식으로
우릴 변화시키소서.
"오늘 다윗의 동네에 너희를 위하여 구주가 나셨으니 곧 그리스도 주시니라."
아멘.

4th-Tue of Advent / 24

늘 그 자리에

여호와여 주의 인자하심이 하늘에 있고
주의 진실하심이 공중에 사무쳤으며
주의 의는 하나님의 산들과 같고 주의 심판은 큰 바다와 같으니이다
여호와여 주는 사람과 짐승을 구하여 주시나이다
하나님이여 주의 인자하심이 어찌 그리 보배로우신지요
사람들이 주의 날개 그늘 아래에 피하나이다
(시편 36:5-7)

—

시편 36편은 우리를 신앙의 현실로 내던집니다. 위 시편 본문은 시작부터 하나님의 성품과 그분의 방법을 이야기합니다. 또 중간쯤에서는 늘 우리가 되돌아가야 할 신앙의 기본을 즐

거이 확언합니다. 신앙은 우리가 원한다고 가질 수 있는 것이 아닙니다. 신앙이 우리를 요구할 수 있는 것도 아니고, 우리를 불쌍히 여기는 것도 아니며, 우리를 기뻐하는 것도 아닙니다.

신앙은 하나님을 알고 확신하는 용기에서 시작합니다. 하나님에 관한 표현이 얼마나 장황한지 보십시오. '주의 인자하심', '주의 진실하심', '주의 의', '주의 심판', '우리를 위한 주의 뜻', 이렇게 표현하는 시편의 기자는 일부러 겸손하거나 부끄러워하거나 억누르지 않습니다.

하나님의 신실하심이 모든 피조물에 하늘과 공중에, 산과 바다에 가득해서 모든 생명이 새롭게 정립된다고 확신에 차 있는 것입니다. 피조물은 과학이나 지질학, 측정, 통제 가능한 대상이 아니라 관계의 대상이 됩니다. 그는 이 세상을 매우 다른 관점에서 바라보고 있습니다. 그 세상에서는 공적인 문제나 사적인 문제, 종교나 경제 같은 모든 문제들이 하나님의 신실하심과 관련이 있습니다.

우리는 하나님의 신실하심을 가장 간절히 바라고 동경합니다. 시편 기자는 앞서 본 것같이 풍부한 표현을 사용해서 우리로 하여금 우리가 가장 바라고 갈망하는 것이 무엇인지, 우리가 뭘 원하는지, 우리의 삶이 온전하게 되었을 때 어떻게 될 것인지 돌아보게 합니다. 그의 목소리는 우리가 바라는 것들이 하나님의 선하심과 신실하심에 비하면 부차적이라고 말합니다. 우리가 믿고 의지할 수 있는 하나님께서는 우리가 모든 위협을 피해 숨을 안전한 장소를 마련해 주십니다. 시편 기자는 목숨이 위협받는 상황 가운데에서도 새끼를 끌어안고 보호하는 어미 닭과 같은 모습으로 하나님을 그려 냅니다. 안전한 장소를 제공하고 커다란 날개를 펼쳐 그 위를 날며 보호하는 독수리 같은 모습입니다.

어떤 큰 업적이나 뛰어난 도덕성, 부유함, 멋진 외모나 최신 기술로 무장할 필요가 없습니다. 그 모두는 불안정하고 오래 가지도 못합니다. 대신 우리는 하나님의 신실하심으로 무장할 수 있게 되었고, 어떠한 위협이나 불안, 두려움이 우리를 어쩌지 못합니다. 시편은 우리로 하여금 일상의 위협을 넘어 하나님과 교감하는 안전한 상태를 상상하게 합니다.

◦

신실하신 하나님,
당신의 성실하심에 근거하여
우리가 앞으로 다가올 새로운 세상을 바라봅니다.
당신의 말씀은 확실하기 때문입니다.
우리 삶이 혁신적 진리를 향하도록 재조정하여 주소서.
오직 당신 안에서 안전함과 미래를 찾을 수 있도록 하소서. 아멘.

4th-Wed of Advent / 25

거부할 수 없는 방문

보라 여호와의 크고 두려운 날이 이르기 전에
내가 선지자 엘리야를 너희에게 보내리니
그가 아버지의 마음을 자녀에게로 돌이키게 하고
자녀들의 마음을 그들의 아버지에게로 돌이키게 하리라
돌이키지 아니하면 두렵건대
내가 와서 저주로 그 땅을 칠까 하노라 하시니라
(말라기 4:5-6)

—

유대인 성경은 우리가 보는 성경과 다르게 구성되어 있기 때문에 성경이 위의 두 구절로 끝나지 않습니다. 그러나 기독교에서 사용하는 성경은 이 두 구절을 끝으로, 잘 드러나지 않는 새로움을 맞이하게 됩니다. 여기서 하나님께서는 이렇게 말씀하십니다. "보라 여호와의 크고 두려운 날이 이르기 전에 내가 선지자 엘리야를 너희에게 보내리니" 그렇다면 우리는 지금 엘리야의 시대를 살아가고 있는 겁니다.

그 말은 우리가 엘리야를 모른다면 지금의 시대가 어느 때인지 알 수 없다는 겁니다. 엘리야는 구약에서 중요한 인물이지만, 우리는 대부분 그를 무시하고 넘어갑니다. 그는 우리와 너무 멀리 떨어진 기원전 시대에 공적 영역이 무너지고 지도자의 리더십이 실패했을 때 나타났던 사람이었습니다. 격한 성격에 타협할 줄을 몰랐지만 당시 대부분의 사람들이 불가능하다고 여겼던 놀라운 일을 해냈던 사람이었습니다. 비상한 능력을 지녔고, 치유하였으며, 능력을 최대치로 사용했습니다. 엘리야는 모든 것을 뒤집어엎으면서 회복시켰고, 변화를 가져왔습니다. 당시 사람들은 계속해서 그를 기억했고, 그에 대해 생각했으며 그를 원했습니다.

엘리야에 관해 생각하면 생각할수록, 그들은 엘리야가 자신들의 과거에 대해 무척 단호하게 이야기했던 것처럼 미래에 대해서도 단호히 이야기할 수 있을 거라고 확신했습니다. 큰 변화가 일어날 거라고 예상하고 있었습니다. 모든 것이 이대로 계속될 수는 없기 때문입니다. 그들은 하나님의 말씀을 들었습니다. "크고 두려운 날이 이르기 전에 내가 선지자 엘리야를 너희에게 보내리니" 새로움이라 불리는 그분은 이미 시작한 일을 마무리하기 위해 돌아올 것입니다.

놀라운 일들이 기대됩니다. "그가 아버지의 마음을 자녀에게로 돌이키게 하고 자녀들의 마음을 그들의 아버지에게로 돌이키게 하리라 돌이키지 아니하면 두렵건대 내가 와서 저주로 그 땅을 칠까 하노라" 세대 간의 벽을 허물고 화목케 할 것입니다. 노인 세대와 젊은 세대, 부자와 가난한 자, 가진 자와 없는 자의 가족을 치유할 것입니다.

우리 모두는 지금이 말세라는 것을 압니다. 우리 모두는 폭력과 학대, 착취를 경험합니다. 우리가 사는 지금 바로 이 시대가 죽음에 이르렀다는 것을 압니다. 그리고 우리는 엘리야라 불리고 요한이라고도 불리며, 대림절이나 새로움이라 불리는 그분이 오실 것을 아는 사람들입니다. 우리는 그 일에 관해 아주 상세히 알기 때문에 대림절을 기뻐합니다. 곧 다가오는 새로움을 맞이할 것이기 때문입니다. 그 사실을 믿는 사람은 우리뿐입니다. 고대 그리스인들은 믿지 않았습니다. 오늘날의 냉소적인 사람들도 믿지 않습니다. 그 때문에 우리 중 많은 이들이 체념하고, 좌절하며, 너무나 이기적으로 굴고, 너무나 욕심을 부리며, 너무나 불안해하는 겁니다. 이 세상에 희망이 없기 때문입니다.

하지만 우리에게는 희망이 있습니다. 우리는 하나님의 미래가 시작되는 순간에 처해 있습니다. 주께서 능력과 은혜로 오셔서 아버지의 마음을 자녀에게로 돌이키게 하고 자녀들의 마음을 그들의 아버지에게로 돌이키게 하실 것입니다. 좌절과 분노, 잔악함과 탐욕, 두려움으로부터 우리의 마음을 돌이키실 것입니다. 우리는 그때를 기대하며 기다리므로, 대림절을 기뻐하는 것입니다.

ㅇ

새로움의 하나님,
좌절과 분노, 잔악함과 탐욕, 두려움으로부터
우리의 마음을 돌이키소서.
우리 가족과 공동체를 치유하소서.
우리 마음을 치유하셔서
곧 세상이 변화될 거라는 희망을 붙잡게 하소서. 아멘.

4th-Thu of Advent / 26

그때가 언제입니까

그러므로 주께서 친히 징조를 너희에게 주실 것이라
보라 처녀가 잉태하여 아들을 낳을 것이요
그의 이름을 임마누엘이라 하리라
(이사야 7:14)

요셉이 잠에서 깨어 일어나 주의 사자의 분부대로 행하여
그의 아내를 데려왔으나
아들을 낳기까지 동침하지 아니하더니
낳으매 이름을 예수라 하니라
(마태복음 1:24-25)

—

위의 두 본문은 '임마누엘'과 '예수'라는 특이한 두 아기에 대해 이야기합니다. 그리고 이름을 알 수 없는 두 어머니를 언급합니다. 또한 본문은 앗시리아와 로마라는 두 제국을 위협하는 이야기이기도 합니다. 위 본문에서는 권력이 세계를 제패한 제국에서 한 아기에게로 이양되는 것을 볼 수 있습니다. 그 제국들은 그때가 언제인지를 몰라 두려움과 적대감에 싸여 있습니다. 그러나 아기의 시계는 재깍거리며 가고 있습니다.

그때가 언제입니까? 평화와 정의가 이루어지는 때, 토지가 원래의 주인에게 돌아가고, 기적적으로 식량이 채워지고, 위로받으며 자유함을 얻게 되는 그때가 언제인가요? 재깍재깍, 시계바늘은 계속 움직이지만 결국 제국은 시계를 찾지 못하고, 아기가 태어나는 것을 막을 수도, 마음대로 할 수도, 현 체제를 유지할 수도 없습니다.

세상의 유력자들을 생각해 보십시오. 대기업 간부나 학교, 교회, 은행, 군대, 세무서, 사업계에서 막강한 영향력을 행사하면서 자기 마음대로 행동하는 인물을 떠올려 보십시오. 우리를 침묵하게 하고 우리 삶을 무너뜨리며 억압하는 대상을 떠올려 보십시오. 그들이 아기의 시계 소리에 겁먹은 채 모든 것의 끝을 향해, 변화의 시작을 향해 끊임없이 나아가고 있다고 상상해 보십시오.

바로 그것이 앞서 말한 아기의 기적입니다. 그 아기는 성령으로 오셨기 때문에 세상이 변화되었습니다. 이 세상의 제국들은 이미 그 사실을 통고받았습니다. 왕국들은 위협받게 되었습니다. 작은 아기 하나가 이 세상을 뒤흔들면서 우리를 새로운 신뢰와 자유로 초청하고 있습니다. 그러니 대림절에는 이렇게 물으십시오. "그때가 언제입니까?" 글쎄요, 답은 생각하기 나름입니다.

만약 여러분이 제국을 중시한다면 그때는 언제고 일어날 수 있습니다. 하지만 여러분이 그 아기에게 인생을 건다면, 그때는 무진장 느리지만 무척 가까이에 있습니다. 아주 위험하기도 합니다.

아기를 선택하십시오. 제국의 억압에서 벗어나십시오. 권세와 돈, 부동산, 옳고 그름, 거주 문제, 건강의 문제, 보험 문제에 있어 이전과는 달리 행동하십시오. 아기에게 인생을 걸고, 그가 가져올 새로운 세상을 바라보십시오. 이 세상의 제국이 뒤엎어진 그곳에서 우리가 살게 될 것입니다. 아기에게 모든 것을 걸고, 시계가 재깍거리는 소리에 귀기울이십시오.

하나님, 우리의 삶은
이 세상 제국들의 시간표에 의해 좌우됩니다.
그 때문에 우리는 당신의 시계가 재깍대는 소리를
놓치고 맙니다.
이번 대림절에는 아기 예수님께 모든 것을 걸게 하소서.
우리가 그때를 알고
희망과 정의로 살아가게 하소서.
아멘.

4th-Fri of Advent / 27

어떻게 사느냐

악에게 지지 말고 선으로 악을 이기라
(로마서 12:21)

—

그리스도인에게 가장 중요한 것은 '어떻게 사느냐'입니다. 복음서는 우리가 다른 사람들과 다른 방식으로 살아갈 것을 요구합니다. 이 세상이나 이웃을 대하는 방식에 있어서 혁명적으로 변화될 것을 요구합니다.

바울이 로마서 12장에서 복잡한 신학적 변론을 마치면서 위 구절로 끝을 맺는 이유가 바로 그겁니다. 그는 그리스도인들이 이 세상에서 이웃을 어떻게 대하며 살아가야 하는지 매우

구체적으로 제시합니다.

"넉넉하게 나누고 베풀라." 바울은 복음 안에 살아가는 사람들이 풍성한 삶을 누리게 되었다는 사실을 잘 알고 있습니다. 또한 그들이 하나님으로부터 공급받는 풍성함을 이웃에게 흘려보내야 한다는 것도 잘 알고 있습니다. 그 풍성함이란 대부분 물질적 축복을 의미합니다. 그러한 축복은 나누기 위한 것입니다. 하지만 물질만 나눌 수 있는 건 아닙니다. 다른 사람에게 넉넉한 마음씨와 열려 있는 태도를 나누면 우리의 존재가 주변에 축복이 됩니다.

"낯선 사람에게 친절하라." 그가 말하는 낯선 사람이란 요즘 우리가 생각하는 것과 약간 다릅니다. 우리는 인종이나 성별, 국적, 종교적 헌신, 사회 계층의 차이를 생각합니다. 가능한 한 낯선 사람을 경계하고 배제하면서 나와 비슷한 사람들 사이에 머무는 편이 훨씬 쉽습니다.

하지만 바울은 실상 우리 모두가 이 세상에서 낯선 타인이며 나그네로 떠도는 존재라는 사실을 잘 알고 있습니다. 그런 우리가 하나님의 선하심으로 옷 입고 나그네에게 친절을 베풀 수 있는 자유를 얻었습니다. 그럼으로써 그들이 환영받고 우리 가운데 자리 잡으며 하나님을 이웃으로 받아들일 수 있게 됩니다.

"스스로 악을 되갚지 말라." 바울은 앙갚음에 대해 잘 알고 있습니다. 따라서 그는 동료 그리스도인에게 악을 악으로 되갚는 대신 그 악순환의 고리를 끊어버리라고 권합니다. 복수하고자 하는 마음을 용서하는 행위로 변화시킬 것을 권합니다. 그러면 악을 악으로 갚을 일이 없어집니다. 그럴 때 용서하는 사람이나 용서받는 사람 양쪽 모두가 치유됩니다.

바울이 이 외에도 여러 가지를 강조하지만, 이것부터 시작하면 좋겠습니다. 넉넉함, 친절함, 용서!

우리가 그렇게 살기를 다짐할 때, 우리의 이웃이 변화됩니다.

○

당신은 선으로 악을 이기도록 우리를 부르십니다.
세상이 원하는 대로가 아닌,
그와는 다른 방식으로 살도록 권하십니다.
성탄절을 기다리는 동안,
우리가 넉넉함과 친절함, 용서를 위해
새로이 헌신하게 하소서.
우리 주변 사람들에게
희망과 치유를 전하는 사람이 되게 하소서.
아멘.

4th-Sat of Advent / 28

우리만의 하나님

여호와 우리 하나님과 같은 이가 누구리요
높은 곳에 앉으셨으나 스스로 낮추사 천지를 살피시고
가난한 자를 먼지 더미에서 일으키시며
궁핍한 자를 거름 더미에서 들어 세워
지도자들 곧 그의 백성의 지도자들과 함께 세우시며
또 임신하지 못하던 여자를 집에 살게 하사
자녀들을 즐겁게 하는 어머니가 되게 하시는도다 할렐루야
(시편 113:5-9)

—

성경에서 하나님을 묘사하는 구절이 많이 있지만, 그 중에서 가장 절묘한 구절은 바로 시편 113편일 것입니다. 이 본문 중

간에는 하나님에 대해 충격적으로 이야기하는 구절이 있습니다. "가난한 자를 먼지 더미에서 일으키시며 궁핍한 자를 거름 더미에서 들어 세워 지도자들 곧 그의 백성의 지도자들과 함께 세우시며 또 임신하지 못하던 여자를 집에 살게 하사 자녀들을 즐겁게 하는 어머니가 되게 하시는도다."

이처럼 연결되는 동사를 보건대, 하나님께서는 세상을 뒤집는 작업을 수행 중이십니다. 가정생활의 우선순위와 경제 문제에 있어 체질을 개선하고 계십니다. 이 세상에서 돈과 권력으로 할 수 있는 일과 방법을 혁명적으로 변화시키는 중이십니다.

위의 시편은 분명히 수천 년 전에 힘없고 좌절에 빠졌던 사람들이 만나게 된 희열과 기쁨을 반영하고 있습니다. 그들이 이유를 자세히 설명하지는 않았지만, 그들은 이 세상이 뒤집어졌다는 사실을 깨달았습니다. 그들은 그 변화의 원인을 하나님에게서 찾았습니다.

본문말씀은 가난한 자들이 다시 경제생활을 영위하도록 초대받은 기쁨을 이야기하고 있습니다. 재를 뒤집어 쓰며 지내던 먼 옛날 노숙자들의 목소리이기도 합니다. 고대 시대에 아이를 생산하지 못해 창피를 당하던 여인이 부르는 노래입니다. 그들은 모두 새로운 삶을 받게 되었습니다. 복음의 하나님께서는 하나님의 귀한 자녀 누구도(가난한 자든, 아이를 낳지 못하는 여자든) 수치스러워하거나 가난에 찌들어 살게 하시지 않기 때문입니다. 우리 같은 사람에게는 이들의 노래가 충격일지도 모릅니다. 우리가 만든 하나님은 우리만의 하나님이었기 때문입니다. 하지만 본문에서 이야기하는 하나님은 그렇지 않습니다.

위의 시편 본문은 우리가 이해하는 세상과 반대되는 이야기를 합니다. 그 방식에 익숙해지려면 연습이 필요합니다. 예수님을 중심으로 하나님께서 벌이고 계신 혁명을 노래하려면 시간이 필요합니다. 그러나 우리가 그 이야기를 노래하지 않고 그 방식을 따르며 살지 않으면 복음 대신 이 세상의 방법을 따르게 됩니다.

대림절이 전하는 소식은 하나님이 자유로운 분이라는 점, 그분이 곧 예상치 못한 장소에 나타나실 거란 점입니다.

o

자유로우신 하나님,
우리가 당신의 위험하고도 기쁜 좋은 소식을
선택할 수 있게 도우소서.
자비로 다가오시는 당신의 길목을 방해하는 것들,
생명을 갉아먹는 것들에 대항하도록 우리를 도우소서.
대신 우리가 자유로운 당신이 곧 예상치 못한 장소에 나타나실 것을 기뻐하며 찬양하게 하소서. 아멘.

Eve of Christmas / 29

법칙을 뒤흔드는 탄생

이 일을 생각할 때에 주의 사자가 현몽하여 이르되
다윗의 자손 요셉아 네 아내 마리아 데려오기를 무서워하지 말라
그에게 잉태된 자는 성령으로 된 것이라
(마태복음 1:20)

—

이 얼마나 심오한 말인가요! 게다가 주의 사자인 천사가 와서 말하고 있습니다. 이 세상 바깥에서부터 수신되는 메시지이기 때문에 인간이 이해할 수도, 세상의 기준에 부합하지도, 요셉의 상식에 맞지도 않습니다. 한술 더 떠서, 천사는 요셉이 맨정신으로 깨어 있을 때가 아니라 잠들어 있을 때 꿈에 나타나 이런 말을 했습니다.

그러니 먼저 예수님에 대한 기대는 모든 종류의 상식을 벗어난다는 점을 깨달아야 합니다. 그 기대는 하나님이 당신의 방법으로 다스리시는 데서 옵니다. 우리는 이 본문을 읽으면서 설명하려 애쓸 필요가 없습니다. 대신 성탄절에는 우리의 계산을 훨씬 뛰어넘는 일이 생긴다는 사실에 그저 감탄하면 됩니다. 그 일이란 바로 우리의 한계를 넘어설 수 있게 해 주는 한 아기가, 기적이, 선물이 오는 것입니다.

아기에게 아버지가 없다는 점도 눈여겨보아야 합니다. 중요한 일은 아닙니다. 진짜 중요한 점은 그 아기가 성령으로 잉태되었다는 겁니다. 이 점에 대해 생물학적으로 고찰하거나 어리석은 논쟁을 벌일 수도 있겠지만, 그보다는 성령이 모든 정해진 법칙을 뒤흔드실 때 새로움이 찾아온다는 사실을 깨달으십시오.

- 성령은 창세기 1장에서 이전에 존재하지 않던 새 세상과 새 하늘, 새 땅을 맞이하셨습니다.
- 성령은 이집트에서 탈출하던 우리의 조상을 위해 바람으로 바다를 가르셨습니다.
- 성령은 예수님의 제자들과 예언자, 순교자들이 자신의 한계를 뛰어넘어 위험을 무릅쓰고 순종할 수 있게 하셨습니다.
- 성령은 사도행전에서 제자들에게 임했고, 신앙과 능력, 순

종과 선교의 공동체를 만들어 내셨습니다.
- 성령은 이 세상의 끝이 보일 때, 우리가 상상력을 잃고 침묵하며 좌절할 때 새로운 일을 행하시는 분입니다.

바로 그런 일이 여기서 벌어졌습니다. 성령이 이 세상에서 무척이나 새로운 일을 일으키셨습니다. 그 치유의 바람, 변화의 바람, 창조의 바람이 우리 가운데서 모든 것을 변화시키실 아기가 태어나게 했습니다.

이러한 성탄절 선물은 우리의 생각과는 정반대입니다. 이 세상은 구원받지 못할 것만 같은데, 여기 '구원자'라는 이름을 가진, 예수라는 아기가 태어났습니다. 이 세상과 우리는 버림받은 것만 같은데, "하나님이 함께하신다."라는 이름을 가진, 임마누엘이라는 아기가 태어났습니다.

준비하십시오. 하나님의 선물이 여러분의 상식을 뒤엎으실 겁니다. 천사가 이야기하는 새로운 약속을 붙들고 편히 쉬십시오. 여러분은 안전해질 것이며, 온전해질 것이며, 넉넉해질 것입니다.

○

다가오시는 성자 하나님, 불어오시는 성령 하나님,
지금도 우리 곁을 운행하시는 성부 하나님,
다시 한번 새로움으로 우리를 찾아오소서.
우리의 계산과 통제를 넘어 우리가 보는 아름다움과
우리가 살아가는 방식과
우리가 사랑하는 바를 새롭게 하소서.
당신의 넉넉한 풍성함이라는 신비에 감탄하게 하소서.
우리가 약속 안에 편히 거하게 하시고,
그 약속을 지친 사람들과 나누게 하소서. 아멘.

Christmas / 성탄절

새 일을 행하리라

너희는 이전 일을 기억하지 말며 옛날 일을 생각하지 말라

보라 내가 새 일을 행하리니 이제 나타낼 것이라

너희가 그것을 알지 못하겠느냐

반드시 내가 광야에 길을 사막에 강을 내리니

(이사야 43:18-19)

—

성탄절은 특별히 상처 입은 사람들, 몸과 마음이 연약해진 사람들을 위한 날입니다. 물론, 우리 모두가 여기에 해당됩니다. 결국 성탄절의 의미는 아기의 탄생이나 로맨스를 위한 사업이 아닙니다. 성탄절의 진짜 의미는 하나님께서 지칠 대로 지쳐 버린 이 세상에 주시는 말씀입니다. 이사야서에 기록된

이 말씀은 집 없이 떠도는 사람들, 진흙탕에 빠진 것 같은 상황에 처한 사람들, 얻어맞고 삶을 포기하기 직전인 사람들을 향해 주어졌습니다. 이 말씀을 듣기 전까지 그들은 예전의 관습과 상처, 다툼, 실패, 죄악, 패배를 되풀이하고 있었습니다. 성탄절에 하나님께서 모든 자격 없는 사람들에게 주시는 말씀은 단 두 가지입니다. "너희는 이전 일을 기억하지 말며." 우리가 '이전 일'에 얼마나 많은 에너지를 소모하는지 생각해 보십시오. 우리가 '이전 일'을 기억하는 방식은 크게 두 가지로 나뉘는데, 모두 우리에게 별 도움이 되지 않는 것들입니다.

하나는 '좋은 시절'을 추억하는 겁니다. 그때는 모든 것이 정상이었기에, 우리는 추억과 로맨스가 있던 그 시절로 돌아가길 간절히 원합니다. 이때 우리는 과거를 실제보다 더 이상화시킵니다. 아니면 반대로, 과거를 전부 부정적으로 바라봅니다. 과거에 있었던 일을 부끄러워하면서 "이런 말은 하지 말았어야 하는데, 그건 하지 말았어야 하는데……."라고 후회합니다. 죄책감에 시달리면서 벗어나지 못합니다. 얼마나 큰 상처를 받았는지, 얼마나 화가 났는지, 다른 사람이 나에게 어떤 잘못을 저질렀는지를 계속해서 '묵상'합니다. 우리가 과거를 추억하는 방법은 분노나 죄책감 둘 중 하나입니다. 우리가 과거를 너무나 소중히 여기기 때문에, 우리가 상처에 너무 큰 의미를 부여하기 때문입니다.

하지만 여기 좋은 소식이 도착했습니다! "옛날 일을 생각하지 말라." 성탄절에 하나님께서는 분명하게 말씀하시면서 단호히 일을 처리하십니다. 성탄절은 모든 과거를 놓아버리고, 잊어버리고, 내려놓는 때입니다.

성탄절에 하나님이 주시는 말씀의 후반부는 "보라 내가 새 일을 행하리니"입니다. 이 말씀은 성경을 관통하는 중심 주제이며 복음의 핵심입니다. 우리를 위한 좋은 소식입니다. 우리가 과거를 잊을 수 있는 이유는, 하나님의 새로움이 우리를 치유하고 자유케 함으로써 우리의 과거가 흩어졌기 때문입니다. "너희가 그것을 알지 못하겠느냐" 이사야서의 기자가 종용합니다. 하나님이 새로운 일을 행하고 계시는데, 그걸 모르는가? 성탄절은 분주한 일상을 잠시 멈추고 하나님께서 주시는 새로움을 묵상하는 시간입니다. 또한 새로운 곳에서 새로운 삶이 시작되게 하는 때입니다.

하나님께서 성탄절에 새롭게 행하신 일은 바로 예수님을 이 세상에 보내 주신 겁니다. 그분은 우리의 상상을 뛰어넘는 분이시며, 가는 곳마다 치유와 은혜를 베푸셨고, 사람들을 용서하며 변화시키셨습니다. 사람들을 불러 그들이 상상할 수 없던 새 세상으로 초대하셨습니다.

그리고 이 성탄절, 우리에게 이렇게 말씀하십니다.

"내가 새 일을 행하리라!"

○

우리는 과거의 고통이나 영광에 매여 주저앉기 쉽습니다.
모든 것을 새롭게 하시는 예수님의 탄생을 통해
당신이 우리 삶에 행하고 계시는
놀라운 새 일을 깨달을 수 있도록
우리를 도우소서.
아멘.

First Day of Christmas / 01

방이 없네요

거룩한 성탄절입니다. 오늘은 한 부부를 거절했던 베들레헴의 여관 주인을 떠올립니다.

"미안합니다, 여관이 꽉 찼어요. 방이 없네요!"라고 말했던 사람 말입니다.

혹시 모르지요. 여관이 꽉 차 있었을 수도 있지만, 두 사람이 헝클어진 옷차림에 피곤과 가난에 지친 모습이라 장사에 도움이 안 된다고 생각해서 거절했을 수도 있습니다.

만약 그랬다면, "방이 없다."는 건 핑계일 뿐입니다.

우리는 그런 핑계에 익숙합니다.

이민자를 위한 방은 없습니다.

가난한 자들을 위한 방은 없습니다.

그럼에도 불구하고 그리스도께서는 이 세상에, 베들레헴이 있는 한 여관에 자리를 잡으셨습니다. 우리의 구원자 아기께서는 "방이 없다."는 선고를 거부하셨고, 더 많은 사람을 위해 자리를 만드셨습니다.

당신이 그랬던 것처럼, 우리도 남을 위한 자리를 만들기로 약속합니다.

그 사람이 우리와 너무나 다를지라도 그러겠습니다. 아멘.

Second Day of Christmas / 02

실행 명령

성탄절 둘째날입니다. 오늘은 이스라엘 사람 모두가 고향에 돌아가게 했던 카이사르(로마 황제)를 떠올립니다. 세금을 매길 목적으로, 또 군대에 징집할 목적으로 인구를 조사했겠지요.
예수의 부모는 그의 명령에 순종했습니다. 하지만 그들의 순종은 엄청난 변화로 이어졌습니다. 그 명령에 순종함으로써 구원자 아기가 나셨고, 그 아기는 자신이 곧 다스리게 될 나라를 위해 황제의 명령을 거부했기 때문입니다.
우리도 마찬가지로 전쟁과 돈을 움켜쥔 제국이 실행 명령을 선포하는 가운데 살아갑니다. 하지만 우리는 그보다 현명합니다!
구원자 아기님께 이렇게 다짐합니다.

우리가 세상의 제국이 내리는 명령에 애매모호하게 대처하고 있다는 점을 인정합니다.
그 제국의 명령을 따르는 문제에 있어 대안을 모색할 것을 다짐합니다.
끝으로, 카이사르의 권위를 인정하지 않겠습니다.
늘 다가오시는 당신의 나라로 인해 감사드립니다. 아멘.

Third Day of Christmas / 03

어떻게 좀 해 봐요

성탄절 셋째 날입니다. 오늘은 여관 주인의 "방이 없어요."라는 말을 떠올립니다. 그의 아내는 그 말에 얼굴을 찡그렸습니다. 부인은 남편보다 현명했습니다. 장사를 하면서 어떤 것을 고려해야 할지를 알고 있었기 때문입니다.

장사할 때는 친절해야 합니다.

장사할 때는 낯선 이를 환영해야 합니다.

장사할 때는 나와 다른 사람을 존중해야 합니다.

그래서 그녀는 불쑥 이렇게 말했습니다.

"어떻게 좀 해 봐요!" 그 말에 여관 주인은 할 수 없이 외양간 문을 열고 지푸라기를 내주었습니다. 우리도 여관 주인의 아내와 같은 마음일 겁니다.

우리도 장사보다 중요한 게 있다는 걸 알기 때문입니다.
구원자 아기님, 당신의 말씀을 기억합니다.
"내가 나그네 되었을 때에 너희가 영접하였고…… 지극히 작은 자 하나에게 한 것이 곧 내게 한 것이니라……."
여관 주인의 아내처럼, 우리는 보다 현명해질 수 있습니다. 내켜서 한 건 아니지만, 우리도 여관 주인처럼 행동을 취할 수 있습니다. 이 거룩한 날, 우리 옆에 와 있는 낯선 이를 환영하기 위해, 우리도 어떻게 좀 해 보기로 다짐합니다. 아멘.

Fourth Day of Christmas / 04

어리석은 용기를

성탄절 넷째 날입니다. 오늘은 베들레헴에서 있었던 일을 떠올립니다.

여관 주인은 지푸라기를 내주면서 뾰루퉁해 있습니다. 여관 주인의 아내는 포대기를 내주면서 누추한 옷차림의 부부를 최대한 친절하게 대하려 애씁니다. 우리는 대조되는 두 사람의 모습을 봅니다.

지푸라기 내주는 것조차 내키지 않아 하는 여관 주인과 도움이 필요한 부부에게 손 내밀고자 하는 안주인.

여기서 우리가 늘 대면하는 두 가지 문제가 협상 중인 것을 봅니다.

똑똑하게 굴어야 할지, 지혜롭게 굴어야 할지.

우리는 늘 그 두 가지 사이에서 선택합니다.
똑똑하게? 아니면 지혜롭게?
지혜롭게? 아니면 똑똑하게?
"하나님의 어리석음이 사람보다 지혜롭고"(고전 1:25).
세상은 우리에게 똑똑하게 굴 것을 강요하지만, 우리는 어리석을 수 있는 용기를 달라고 기도합니다. 아멘.

Fifth Day of Christmas / 05

이 아기는 누굴까

요셉은 착한 사람이었습니다. 천사의 지시를 받아 마리아를 위해 올바른 선택을 했습니다.

여관에 도착했을 때 지푸라기를 모아다가 자리를 마련하고, 아기가 태어나는 것을 지켜보았습니다. 분명 이렇게 생각했을 겁니다.

이 아기는 누굴까?

처녀가 낳은 아기,

성령으로 잉태된 아기,

"은혜와 진리"로 충만한 아기라고?

게다가 "하나님에게서 나신 하나님이며, 빛 중의 빛……"이라고?

구원자 아기님, 우리도 요셉과 같습니다.

성탄절 다섯째 날인 오늘, 베들레헴에서 들리는 충격적인 사건에 당황스럽습니다. 그러나 그 사건을 우리가 인간의 지식으로 이해할 수 없는 신비함으로 받아들이기 원합니다. 그 신비로움은 우리가 확신하던 바를 거스르며, 세상을 변화시키며, 모든 것을 새롭게 하는 기적이며, 우리가 도저히 설명할 수 없는 선물입니다.

당신을 믿고 순종한 모든 이에게, 특히 요셉에게 감사합니다. 아멘.

Sixth Day of Christmas / 06

그저 그런 마을의 거룩한 소식

성탄절 여섯째 날입니다. 오늘은 아기 예수의 탄생을 처음 알리러 나타났던 천사들을 떠올립니다. 하나님께서는 당신의 영광을 선포하기 위해 이 천사들을 특별히 예루살렘 남쪽 외진 베들레헴으로 파송하셨습니다. 어쩌면 천사들이 고민했을지도 모릅니다. 이 기쁜 소식을 예루살렘이나 다메섹이나 두로나 니느웨로 전하는 게 낫지 않을까 하고 말입니다.
하지만 이들은 순종했습니다.
그리고 이런 메시지가 추가되었습니다.
"모든 사람을 위해 온 땅에 평화를 선포하라"
그들은 말씀에 순종하여 베들레헴으로 가서 온 하늘에 울려 퍼지도록 노래했습니다.

"지극히 높은 곳에는 하나님께 영광이요, 땅에서는 하나님이 기뻐하신 사람들 중에 평화로다"
우리는 목자들과 함께 그들의 노래를 듣습니다.
그 노래는 선포이기도 합니다. 하늘에 영광이, 땅에 평화가 있을 것이라는.
동시에 이 노래는 소집 명령이기도 합니다.
하나님을 찬양하고 평화를 전하라는 명령 말입니다.
입으로는 찬양하고 발로는 평화를 전하라는.
우리에게 이같은 천사의 말을 허락하심에 감사드립니다.
아멘.

Seventh Day of Christmas / 07

두려움에 주저앉다

성탄절 일곱째 날입니다. 오늘은 '임마누엘'의 소식이 권력과 부, 통제의 도시 예루살렘에 전달되던 장면을 떠올립니다. 헤롯 왕은 로마 제국의 감시와 유대인의 난동이라는 문제 사이에 끼인 채, 두려움에 사로잡혀 성안에 주저앉아 있었습니다. 그런 그에게 전달된 아기 예수의 탄생은 목숨에 위협을 느낄 정도로 긴장되는 소식이었습니다.

구원자 아기님, 우리도 헤롯과 크게 다르지 않음을 고백합니다. 우리도 권력과 부, 통제의 도성에 모여 있습니다. 우리는 튼튼한 경제와 막강한 군사력, 순수한 애국심에 기대어 삽니다.

새로운 것은 조금이라도 두려워하며 꺼립니다. 그러나 그렇게 불안해하는 중에도 뭔가가 결정적으로 바뀌었다는 것을 느낍니다.

이 아기를 통해 헤롯 왕조차 피할 수 없는 약속이 이루어졌다는 사실을 압니다. 그 아기는 우리가 피할 수 없는 것을 요구합니다.

오늘 우리는 불안해서 죽을 지경이지만, 위협이자 가능성으로 다가오는 그 아기를 바라봅니다.

아멘.

Eighth Day of Christmas / 08

겨울의 끝

지구온난화로 인한 기상이변에도 불구하고, 우리는 여전히 "쓸쓸한 겨울에"(In the Bleak Midwinter)*라는 캐럴을 부릅니다. '쓸쓸한'이란 표현은 눈이나 추위와 상관없이 우리 중에 머무는 겨울 그 자체를 의미하기 때문입니다. 걱정으로 애태울 때 느끼게 되는 서늘한 기분, 두려움에 떨 때 느끼는 한기, 분노로 가득한 마음에 스며드는 냉정함, 누군가를 따돌리거나 폭력을 휘두를 때 나타나는 차가움이 그렇습니다. 우리는 무엇인가에 불만스러울 때 나와 같은 사람들만 있는 안전지역으로 도피하면서 '나와 다른 타인'을 배제합니다.

쓸쓸한 겨울에 성육신하신 하나님께서 찾아오셨습니다.

그래서 겨울로 인한 걱정을 덥히시고,

겨울의 한기를 녹이시고,

겨울의 분노가 사라지게 하시고,

단단히 얼어붙은 겨울의 폭력을 부수어

우리의 불만이 끝을 보게 하셨습니다.

오늘은 성탄절 여덟째 날입니다. 오늘은 그리스도 아기께서 쓸쓸한 겨울에 능력으로 임하여 주심에 감사드립니다. 우리가 캐롤에서 노래하듯이, 그분이 우리의 마음과 삶을 소유하시고, 그럼으로써 우리의 겨울에도 끝이 옵니다.

아멘.

---

* 영국의 여류시인 크리스티나 로세티(Christina Rossetti, 1830-1894)의 시를 바탕으로 만들어진 크리스마스 캐롤.

Ninth Day of Christmas / 09

외딴곳의 어느 마을

영국에 위치한 업웨어(Upware)라는 지역에는 "어디서든 8km"라는 이름을 가진 상점이 있습니다. 베들레헴이 딱 그런 곳입니다. 예루살렘에서 15km 정도 떨어져 있고, 권력의 중심으로부터 15km 정도 떨어져 있는, '유다 지파의 작은' 곳입니다. 이 '작은 마을 베들레헴'은 별 볼 일 없는 사람들이 모인 동네입니다. 어떤 가능성이나 희망보다는 두려움과 경계심을 가진 사람들이 근근이 살아가는 곳입니다. 이름 있거나 영향력 있는 장소에서 소외되어 잊혀진, 그런 곳 말입니다.

성탄절 아홉째 날입니다. 오늘은 그런 소외된 지역에서 "놀라운 선물"이 탄생하심에 감사드립니다.

그 선물이란 놀라우신 그리스도 아기시며

새로운 가능성의 기적이며
새로운 미래가 펼쳐지는 순간입니다.
이 모든 것이 침묵 가운데 주어졌습니다. 베들레헴은 이제 더 이상 소외된 지역이 아닙니다. 그 취약한 동네는 더 이상 잊혀진 곳이 아닙니다. 미래의 가능성이 없는 지역이 아닙니다. 이제 작은 베들레헴 마을은 하나님의 새로움이 시작되는 기반입니다.
아멘.

Tenth Day of Christmas / 10

가서 전하라

마틴 루터 킹 목사는 우리가 반드시 "발을 구르며 기도해야 한다."고 주장했습니다. 그 말은 "너는 높은 산에 오르라"(사 40:9)는 구절을 인용한 캐롤 "산에 올라 고하라"(*Go Tell it on the Mountain*)의 가사와 정확히 일치합니다. 성탄절 열째 날인 오늘, 우리는 두 가지 명령을 받습니다.

첫째는 "전하라!" 입니다. 입으로 말하라는 겁니다. 그리스도 아기의 복음을 소리 높여 전하라는 겁니다. 이 시대의 지도자들은 우리가 침묵하며 순응하기를 바랍니다. 그 반대로, 정의와 평화를 전하십시오.

둘째는 "가라!" 입니다. 바로 "발을 구르는" 부분입니다. "가라"는 명령은 우리의 안전지대를 벗어나 권력자가 불의를 행하는 곳이라면 어디서나 우리 몸으로 진리를 행하라는 말입니다.

우리에게는 전할 수 있는 입이 있고 걸을 수 있는 발이 있습니다. 아마 오늘부터 우리는 예수 그리스도의 탄생을 전하러 갈 겁니다. 가서 하나님께서 구원자를 보내사 성탄절 아침을 축복하셨다고 전할 겁니다. 가서 새로운 세상이 영업을 시작했다고 전할 겁니다.

천사들의 합창이 울려 퍼지는 가운데 새로 나타난 그 진리는 평화와 정의이시며, 누추한 사람에게로, 누추한 구유 안으로 오셨습니다.

아멘.

Eleventh Day of Christmas / 11

경배하다

성탄절 열한 번째 날입니다. 오늘은 '참 반가운 신도'들이 초대받는 날입니다. 이때의 '신도'란 가난한 자, 다리 저는 자, 앉은뱅이, 소경, 소외된 자, 연약한 자, 두려워하는 자, 겁 많은 자, 지친 자…… 한마디로 우리 모두를 이야기합니다. 단, 아기에게 헌신할 것과 말로 다 설명할 수 없는 놀라운 기적을 신뢰해야 한다는 조건이 있습니다.

우리는 베들레헴으로 초청 받았습니다. 헤롯 왕과 카이사르는 절대 갈 수 없는 누추한 곳입니다.

그곳에 하나님에게서 나신 하나님,

빛 중의 빛,

진리 중의 진리가 나셨습니다.

거기서 우리는 오직 '경배'해야 합니다. '경배'란 사랑, 신뢰, 순종을 넘어서는 행위입니다. 그럴 때 감정이 북받쳐 올라 모든 것을 감사함으로, 경외심으로 넘겨드리게 됩니다. 누군가를 '경배'한다는 것은 마치 첫사랑에 빠졌을 때처럼, 상식을 버리고 바보 같을 정도로 그 사람을 소중하게 여기는 겁니다.
오늘, 우리는 그렇게 할 겁니다.
누추한 그곳으로 가서, 신실하게, 그분을 경배합니다.
해 질 무렵쯤 이렇게 말할지도 모르겠습니다.
"내가 어쩌다 이렇게 변했을까요?"

Twelfth Day of Christmas / 12

생각에 잠기다

"생각에 잠긴다"는 것은 어떤 한 가지를 계속해서 머릿속에 떠올리는 겁니다. 마리아가 그러했습니다. 이런 생각을 떠올리며 생각에 잠겼습니다.

가브리엘 천사가 했던 말.

약혼자 요셉의 너그러운 행동.

천사들의 노래와 목자들의 방문.

마리아는 이런 사건이 모두 오랜 시간이 걸려 드러나는 진리와 관련이 있다고 짐작했을 것입니다.

오늘은 성탄절 열둘째 날입니다. 마리아와 함께 '생각에 잠겨' 천천히 이 모두를 반추해 봅니다. 우리가 이해하거나 설명하기도 어렵고, 그렇다고 무시해 버릴 수도 없기 때문입니다.

비록 우리가 사는 세상에서는 관심사가 오래 지속되지 않고 순식간에 사라져 버리지만, 우리의 의식 속에는 그 생각이 계속 남아 있을 겁니다. 그런 생각에 계속 잠긴 채 이러한 일련의 사건들이 쌓여서 결국에는 새로운 세상을 가져올 거라고, 우리는 확신합니다. 마리아처럼, 우리도 계속해서 새로이 다짐하며, 위험을 무릅쓰고 결단하며, 새로운 삶의 방식을 받아들일 겁니다.

성탄절 열둘째 날인 오늘, 앞으로 다가올 수많은 날을 기다리며 우리는 생각에 잠깁니다.

아멘.

옮긴이의 글

우리는 일상에서 새로운 의미를 찾거나 새로움을 부여하기 위해 책을 읽습니다. 하지만 오늘날 우리의 일상에서는 한가하게 의미를 새기는 여유를 누리기가 참 어렵습니다. 바쁘고 분주한 삶이 기다리기 때문입니다. 일상이라는 삶의 궤적이 우리를 무엇인가에 얽매여 쫓기는 삶으로 인도합니다. 더욱 안타까운 것은 하나님의 말씀이 우리에게 있음에도 불구하고 영적인 목마름 가운데 살아가고 있다는 점입니다. 이것은 마치 우물가에서 목말라 하는 것과 같습니다. 아모스 선지자는 "내가 기근을 땅에 보내리니 양식이 없어 주림이 아니며 물이 없어 갈함이 아니요 여호와의 말씀을 듣지 못한 기갈이라"(암 8:11)고 말합니다. 그렇습니다. 우리는 일상이 주는 분주함에 길들여져 삶의 여유를 찾지 못한 채 쫓기듯이 살아갑니다.

그런 점에서 '묵상집'은 유용한 도구입니다. 묵상은 풍성한 삶으로 초대하는 첫걸음입니다. 묵상은 삶의 주변에서 일어나는 모든 일에서 벗어나 하나님께 시선을 집중하게 합니다. 그럴 때 하나님께서는 메말라 공허해진 우리의 영성을 새로운 삶의 현장으로 이끄십니다. 저마다 삶의 자리에서 하나님을 묵상하는 그 순간 "거기서 내가 너와 만나고"(출 25:22)라고 오늘도 말씀하시는 하나님을 경험합니다. 또 다른 하루를 살아갈 수 있는 거룩한 생명력을 얻습니다.

그러니 짧은 시간이지만 잠깐 책에 '접속'하여 오늘 나에게 필요한 의미를 되새기는 데 묵상집만 한 것이 없습니다. 이 책을 번역하면서 의도한 바가 바로 그것이었습니다. 잠깐의 시간을 통해 성탄절의 의미를 되새길 수 있도록, 지하철에서나 사무실에서, 하루를 시작하거나 마무리하는 시간에 부담 없이 편안하게 읽히는 책이기를 바랐습니다. 원저자의 의도도 그러했으리라고 생각합니다.

원문을 읽어본바 저자 브루그만은 익숙한 단어에 새로운 의미를 부여하고자 단어 하나하나의 선택에서도 깊이 고민했습니다. 또 시니컬하면서도 온화한 느낌의 문체를 통해 독자에게 더 가까이 다가가고자 노력했습니다. 원문의 그러한 느낌을 온전히 전달하기란 늘 어려운 일입니다. 그러나 최대한 원문에 가까우면서도 독자의 입장에서 편안하게 읽을 수 있는 문체를 위해 고심했습니다. 해마다 다가오는 성탄절의 귀중한 의미가 이 책을 통해 날로 새로워지기를 소망합니다. 이 책을 만나게 되는 모든 독자들이 '다가오는 새로움'을 기대하기를 바랍니다.

2018년 새로움을 기다리며
조만준, 이고은

새로움이 오시는 길

———

Celebrating Abundance:Devotions for Advent

월터 브루그만과 함께하는
대림절 묵상집 새로움이 오시는 길

초판발행 2018년 11월 20일
4쇄발행 2023년 10월 20일
지 은 이 월터 브루그만/ 리처드 플로이드 엮음
옮 긴 이 조만준 이고은
펴 낸 이 박창원
펴 낸 곳 한국장로교출판사
주　　소 03128 / 서울시 종로구 대학로 3길 29, 신관(총회창립100주년기념관)
전　　화 (02) 741-4381 / 팩스 741-7886
영 업 국 (031) 944-4340 / 팩스 944-2623
등　　록 No. 1-84(1951. 8. 3.)
ISBN 978-89-398-4335-6 / Printed in Korea

책임편집 정현선
편집 원지현 이우진
표지·본문디자인 최종혜
경영지원 박호애 최지영
마케팅 박준기 이용성 성영훈 이현지

값 8,000원

※ 이 출판물은 저작권법에 의해 보호를 받는 저작물이므로 무단전재와 무단복제를 할 수 없습니다.